VORWORT

Ein Kinderbuch schreiben – davon träume ich schon seit meiner Schulzeit. Und gerade jetzt, da der Zugang zu sauberem Wasser in unserer Welt immer mehr unter Druck gerät, ist es höchste Zeit, diesen Traum zu verwirklichen! Für mich selbst, für meine beiden Schätze Sue und Wolf und für alle, die mehr über die Faszination Wasser wissen wollen. Daher möchte ich auch Sofie van Sande vom Verlag Lannoo sehr herzlich dafür danken, dass sie dies ermöglicht hat. Marijke Huysmans danke ich, dass sie an diesem Buch mitgeschrieben hat, und Wendy Panders für ihre Illustrationen. Hoffentlich finden unsere Leser und Leserinnen darin, was sie suchen, und – hoffentlich, hoffentlich –, tauchen sie noch tiefer in diese wunderbare Wasserwelt ein!

Sarah Garré

SARAH GARRÉ UND MARIJKE HUYSMANS

WASSER IST LEBEN

MIT ILLUSTRATIONEN VON
WENDY PANDERS

AUS DEM NIEDERLÄNDISCHEN VON
VERENA KIEFER

SAUERLÄNDER

8 Wasser sorgt für Leben
10 Der blaue Planet
12 Meere und Ozeane
14 Was ist Wasser?
16 Der Wasserkreislauf
18 Überall Wasser
20 Wie entsteht Grundwasser?
22 Wie kannst du Grundwasser finden?
24 Die Rolle des Wassers für das Klima
26 Wasser und Wetter
28 Wie gingen die Menschen früher mit Wasser um?
30 Warum musst du Wasser trinken?
32 Wasserreinigung: Wie geht das eigentlich?

34 WIE KOMMT DAS TRINK-WASSER ZU DIR NACH HAUSE?
36 WAS PASSIERT MIT DEINEM PIPI?
38 OHNE WASSER KEIN ESSEN AUF DEM TELLER
40 WAS IST VIRTUELLES WASSER?
42 WIE KOMMEN DIE PFLANZEN AN DAS WASSER AUS DEM BODEN?
44 LEBEN IM REGEN-WALD
46 ÜBERRASCHUNG DER WÜSTE: OASEN
48 TIGER-BUSCH
50 FLÜSSE UND ÜBER-SCHWEMMUNGEN
52 WELLEN UND TSUNAMIS
54 STAU-DÄMME UND STAUSEEN
56 DIE ZUKUNFT DES WASSERS IN DER WELT
58 WIE KANNST DU SELBST WASSER SPAREN?

WASSER SORGT FÜR LEBEN

Magst du den Sommer auch so gern? Wann ist für dich »gutes Wetter«? Viele freuen sich, wenn es lange nicht regnet und warm und sonnig ist. Dann kann man ins Schwimmbad oder an den Strand oder vielleicht ein Eis essen! Doch wir brauchen unbedingt auch Regen, denn Trockenheit kann große Probleme verursachen. Geschichtswissenschaftler behaupten sogar, Wassermangel habe beim Niedergang manch einer großen Kultur eine Rolle gespielt, so zum Beispiel bei dem des Reichs der Mayas in Mittelamerika. Wasser ist daher für uns alle sehr wichtig.

Wasser und Sport:
Für viele schöne Aktivitäten brauchen wir Wasser: zum Schwimmen, Segeln oder Kajakfahren, zum Angeln oder damit ein Golfplatz schön grün bleibt, und so weiter. Wasser sorgt für jede Menge Freizeitspaß!

Landwirtschaft:
Die Kartoffeln für leckere Pommes, das Gemüse in der Suppe oder das Getreide für unser Brot – das alles braucht Wasser, um auf den Feldern zu wachsen. Regnet es genug, geht es den Pflanzen gut. Ohne Wasser wächst nicht genügend Nahrung, um alle satt zu machen.

Fabriken:
Damit wir sicher arbeiten können, müssen die Maschinen in den Fabriken regelmäßig mit Wasser gekühlt werden.

Natur:
Pflanzen, Bäume und Blumen brauchen Wasser zum Wachsen. Bestimmt hast du schon einmal bemerkt, wie braun das Gras wird, wenn es eine ganze Weile nicht geregnet hat. Zum Glück wird es aber wieder grün, sobald es wieder regnet. Aber es gibt auch sehr viele Pflanzen, die mit Trockenheit nicht so gut umgehen können. Für Fische und andere Wassertiere müssen auch Flüsse und Meere genügend Wasser führen.

Transport:
Schiffe sind einfach ideal für den Transport sehr großer und schwerer Lasten. Dank ihrer Hilfe haben unsere Fabriken genügend Sand, Zement, chemische Stoffe und Kraftstoffe für die Herstellung von Produkten. Es muss also hin und wieder richtig regnen, damit das Wasser in den Flüssen und Kanälen nicht sinkt.

Wohnen:
Auch im Haus brauchen wir sehr viel Wasser. Wenn es trocken ist, müssen wir Leitungswasser sparen. Dann dürfen wir es nicht mehr verwenden, um das Auto zu waschen, einen Gartenpool zu füllen oder den Rasen zu wässern.

DER BLAUE PLANET

Wenn du dir die Hände waschen willst, drehst du einfach den Wasserhahn auf, und das Wasser läuft. Du findest das wahrscheinlich normal – aber tatsächlich ist es etwas ganz Besonderes. Die Erdoberfläche besteht zu drei Vierteln aus Wasser. Da es so viel Wasser gibt, sehen Astronauten die Erde von ihrem Raumschiff aus als einen blauen Planeten. Trotzdem sind Ozeane – verglichen mit der Größe der Erde – eigentlich gar nicht tief. Auf der Erdoberfläche bilden sie nur eine dünne Wasserschicht. Sogar auf unserem blauen Planeten ist Wasser also ein kostbares Gut. Die Erde schwebt in einer Entfernung von 150 Millionen Kilometern um die Sonne. Bei diesem Abstand wird unser Planet weder zu warm noch zu kalt. Daher kann es Ozeane und Meere geben. Näher an der Sonne würde das Wasser sofort verdunsten und verschwinden. Weiter weg würde es sofort so kalt, dass Wasser nur noch als Eis vorkommen könnte. Es weiß zwar niemand ganz sicher, doch die Wissenschaftler und Wissenschaftlerinnen gehen davon aus, dass es ohne flüssiges Wasser kein Leben auf der Erde gäbe.

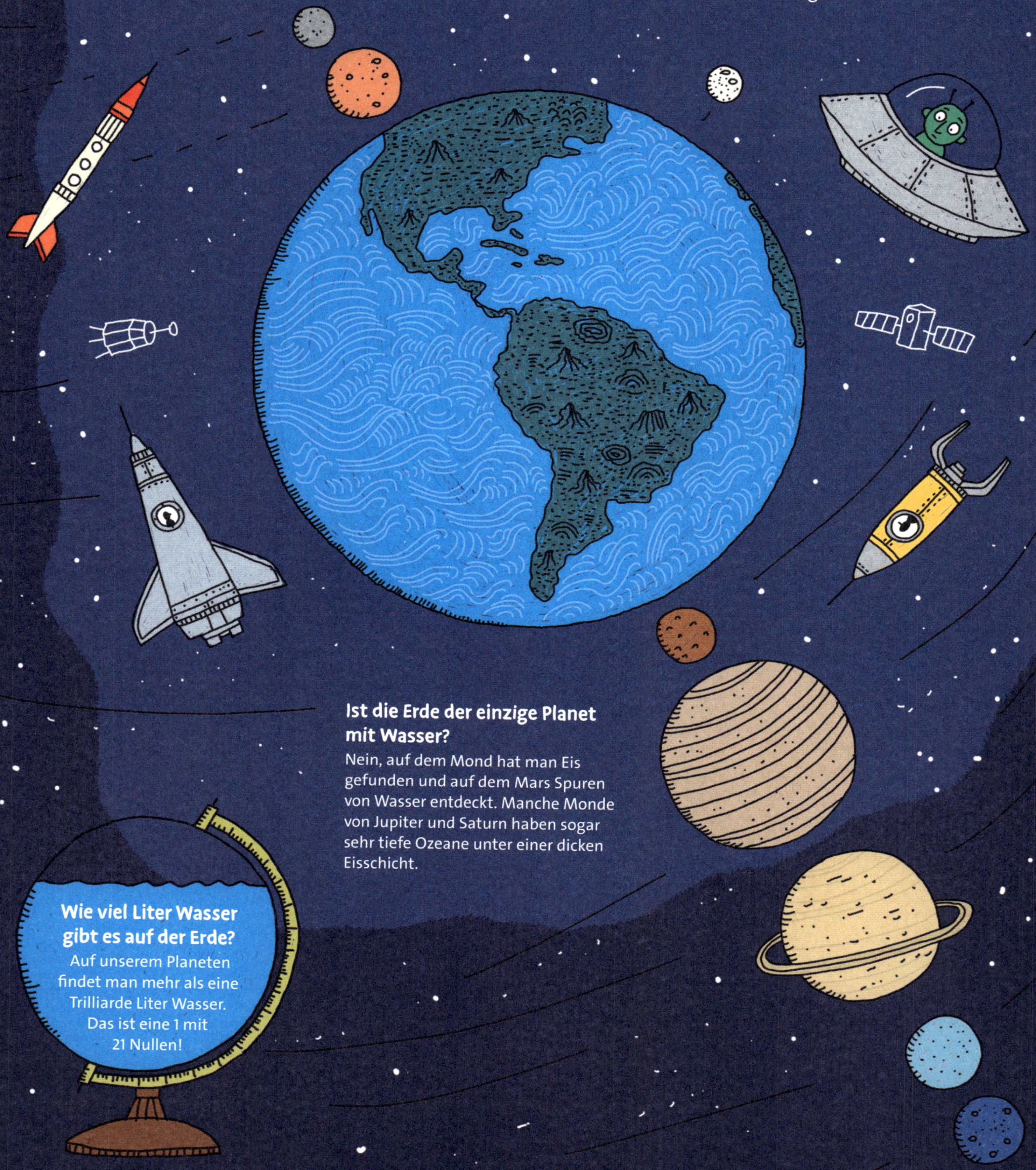

Ist die Erde der einzige Planet mit Wasser?

Nein, auf dem Mond hat man Eis gefunden und auf dem Mars Spuren von Wasser entdeckt. Manche Monde von Jupiter und Saturn haben sogar sehr tiefe Ozeane unter einer dicken Eisschicht.

Wie viel Liter Wasser gibt es auf der Erde?

Auf unserem Planeten findet man mehr als eine Trilliarde Liter Wasser. Das ist eine 1 mit 21 Nullen!

Vor 13,8 Milliarden Jahren
Der Urknall: Das Weltall entsteht.

Vor 4,56 Milliarden Jahren
Die Erde bildet sich heraus, hat aber noch keine Meere.

Kometen und Planetoiden mit Wasser bombardieren die Erde.

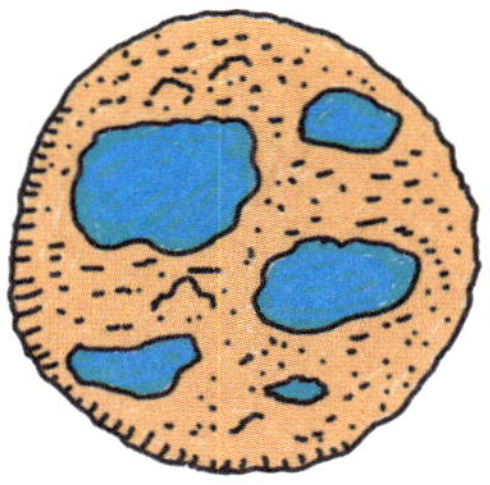

Vor 3,8 Milliarden Jahren
Ozeane zeigen sich auf der Erde, aber damals lagen sie an anderen Orten als heute.

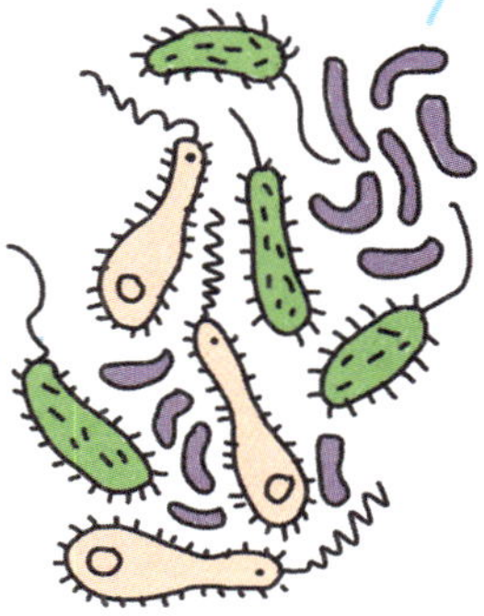

Vor 3,6 Milliarden Jahren
Das erste Leben auf der Erde entsteht, doch für eine sehr lange Zeit sind Bakterien die einzigen Bewohner.

Im Zeitraum zwischen 1,1 Milliarden und 750 Millionen Jahren bildeten alle Weltteile den Superkontinent Rodinia.

Vor 650 Millionen Jahren
Die Ozeane frieren zu, und das Land ist von Eis bedeckt.

Vor 500 Millionen Jahren
Die ersten Tiere erobern die Ozeane.

Immer mehr unterschiedliche Tierarten leben im Wasser und auf dem Land.

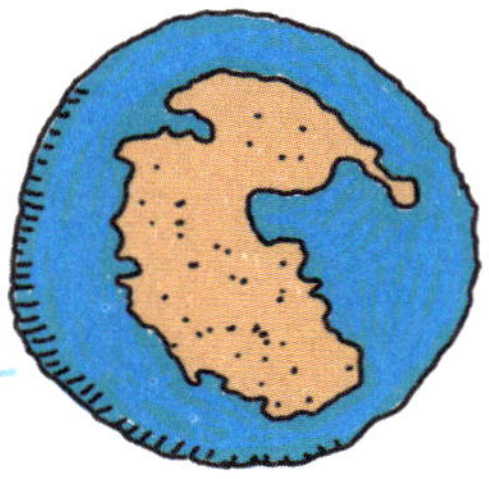

Vor 300 Millionen Jahren
Ein neuer Superkontinent entsteht: Pangaea.

Die kahle Erde wird grüner: Auf dem Land wachsen jetzt Pflanzen.

Vor 250 Millionen Jahren
Dinosaurier bevölkern die Erde.

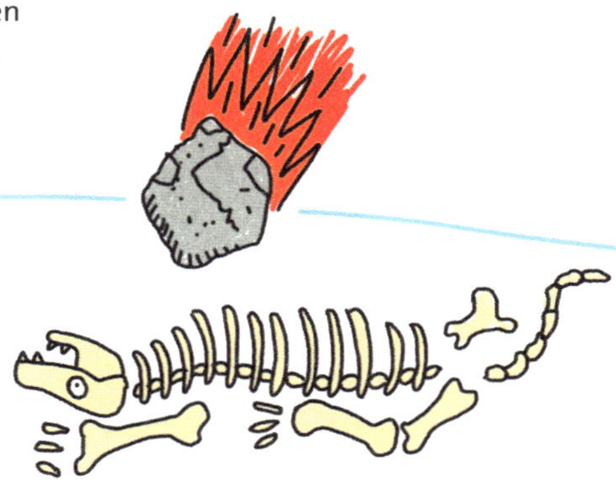

Vor 66 Millionen Jahren
Die Dinos sterben aus.

Während der Eiszeit bilden sich große Polkappen auf der Erde.

Das Mammut fühlt sich ausgesprochen wohl.

Vor 10.000 Jahren
endet die letzte Eiszeit.

Woher kommt das ganze Wasser auf der Erde?

Bevor das Leben auf der Erde entstand, schlugen Millionen riesige Eisbrocken auf unserem Planeten ein.
Wissenschaftler und Wissenschaftlerinnen glauben, dass fast alles Wasser auf der Erde davon kommt, aber ganz sicher ist das nicht.

MEERE UND OZEANE

Wenn du an Wasser denkst, denkst du dann auch an das Salzwasser im Meer? Verglichen mit der Wassermenge von Meeren und Ozeanen gibt es nur wenig Süßwasser von Seen, Flüssen, Gletschern und Niederschlägen wie Regen oder Schnee. Unter den Wellen der Meere liegt eine wunderbare, wilde Welt mit hohen Bergen und beeindruckenden Tälern. Genau wie auf dem Land leben dort allerlei Pflanzen und Tiere. Diese Tiere können sehr klein oder sehr groß sein. Das größte Tier unserer Erde ist der Blauwal, der gut 30 Meter lang werden kann. Das sind ungefähr zwei Busse hintereinander!

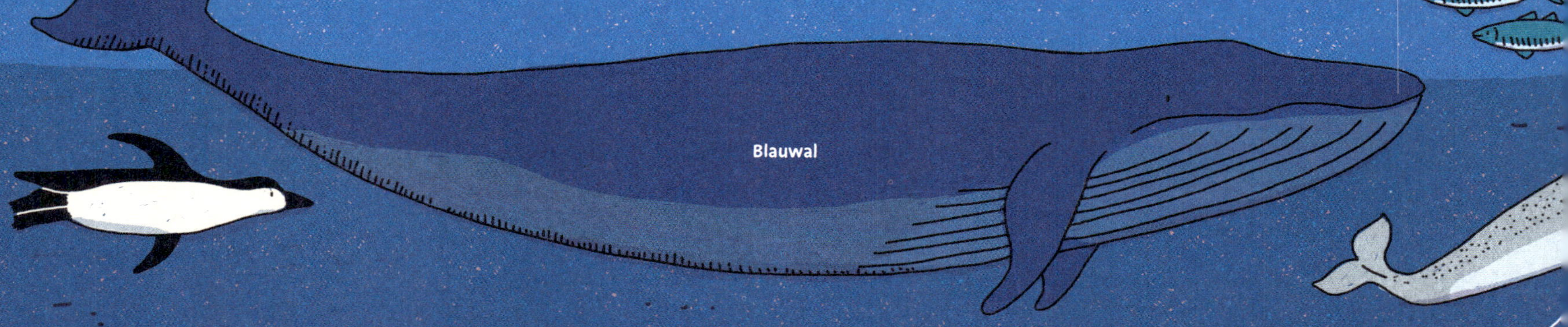

Die fünf Ozeane der Erde sind alle miteinander verbunden: der Pazifische Ozean (Pazifik), der Atlantische Ozean (Atlantik), der Indische Ozean, der Südliche Ozean und der Arktische Ozean. Weil Ozeane doch ziemlich tief und so dunkel sind, wissen wir nur sehr wenig über sie. In der Wissenschaft heißt es, dass bislang nur 1/20 der Ozeane erforscht wurde. Verrückt eigentlich, dass wir fast mehr über den Weltraum und andere Planeten wissen als über unsere eigenen Meere und Ozeane!

Sind Ozeane wichtig für das Klima?

Ozeane sind wahre Klimahelden! Sie speichern jede Menge Gase, die unsere Autos und Fabriken ausstoßen. Aber leider verändert sich dadurch auch die Wasserqualität, und das macht manchen Schalentieren und Pflanzen, die im Meer zu Hause sind, das Überleben schwer.

Ist ein Meer das Gleiche wie ein Ozean?

Ein Meer ist eine Fläche aus Salzwasser, die mit anderen Meeren oder Ozeanen verbunden ist. Ein Ozean ist ein sehr großes Meer. Die Nordsee beispielsweise ist ein Randmeer des Atlantischen Ozeans im nordwestlichen Europa. Die Nordsee wird an drei Seiten von Land begrenzt – auch Deutschland liegt an der Nordsee – und öffnet sich dann wie ein Trichter zum nordöstlichen Atlantik.

Wie nutzt der Mensch den Ozean?

Wir holen nicht nur Fische aus dem Meer, sondern auch Salz. Das verwenden wir in der Küche, aber auch als Streusalz auf glatten Straßen oder für Schönheitsprodukte. Und wusstest du, dass wir sogar Bausteine für Medikamente gegen Krebs im Meer finden? Oder Kieselsäure, die in deiner Zahnpasta steckt? Denk mal daran, wenn du dir die Zähne putzt!

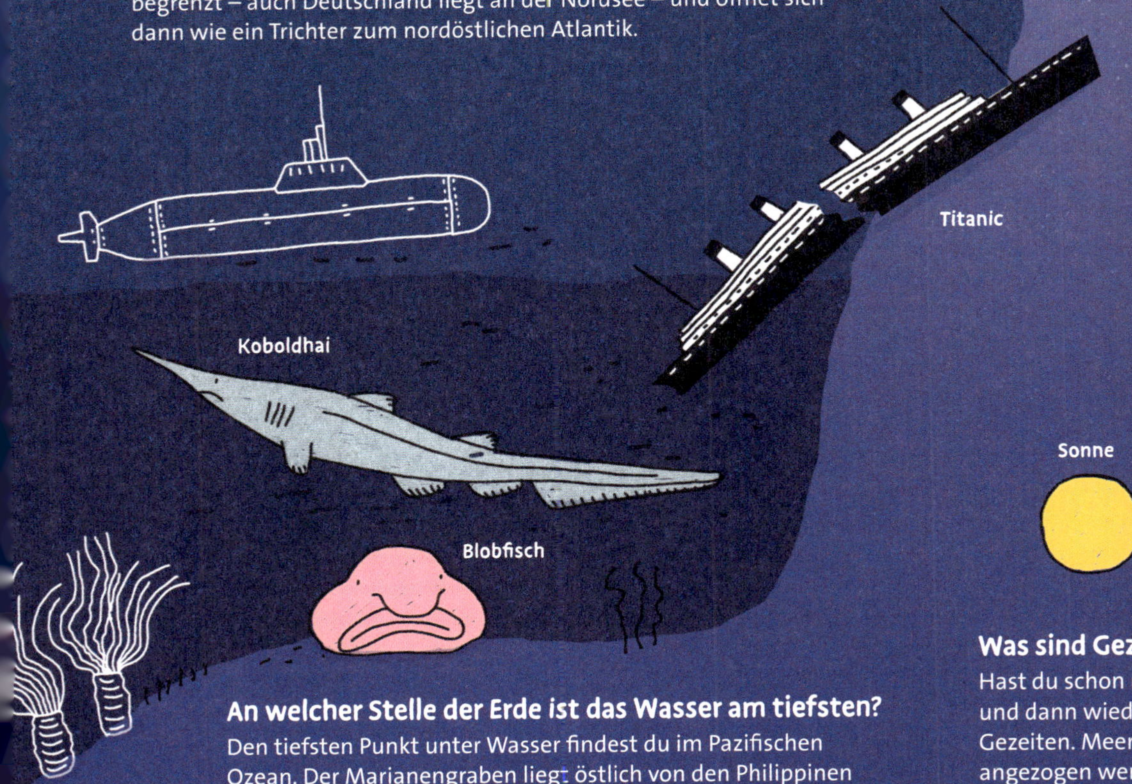

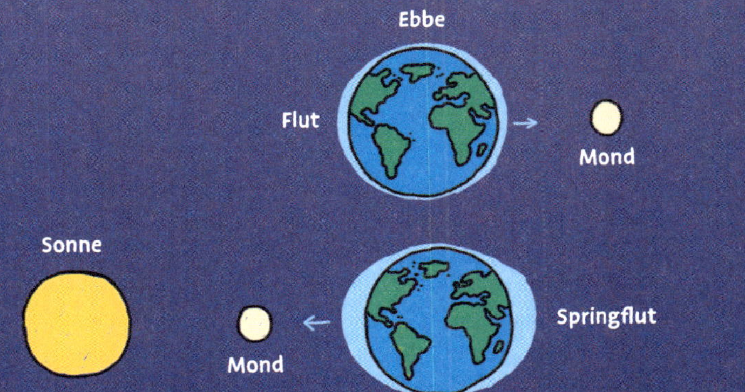

Was sind Gezeiten?

Hast du schon mal beobachtet, dass das Meer mal näher kommt und dann wieder weiter vom Strand entfernt ist? Das sind die Gezeiten. Meere und Ozeane bewegen sich, weil sie vom Mond angezogen werden, der sich jeden Tag um die Erde dreht. Steigt das Wasser, haben wir Flut oder Hochwasser, sinkt es, sprechen wir von Ebbe oder Niedrigwasser. Auch die Sonne zieht ein wenig am Wasser auf der Erde. Ziehen Sonne und Mond in dieselbe Richtung, entsteht eine Springflut, und dann kann das Wasser sehr hoch ansteigen.

An welcher Stelle der Erde ist das Wasser am tiefsten?

Den tiefsten Punkt unter Wasser findest du im Pazifischen Ozean. Der Marianengraben liegt östlich von den Philippinen und ist ungefähr 11 km tief. Das ist nur eine Schätzung seiner Tiefe, denn weil all diese Kilometer aus Salzwasser auf unsere Unterseeboote und die Messgeräte drücken, ist es alles andere als leicht, den Boden des Grabens auszumessen.

WAS IST WASSER?

Das Wasser in deinem Glas hat weder eine Farbe noch einen Geruch. Stellst du es in den Gefrierschrank, wird es zu Eis. Bringst du es zum Kochen, verwandelt es sich in Gas oder Wasserdampf. Aber was ist Wasser denn nun genau? Nun, es ist ein aus sehr vielen kleinen Teilchen zusammengesetztes Bauwerk. Das Bauwerk an sich nennen wir Molekül. Das Wassermolekül besteht aus zwei Teilchensorten: Ein Sauerstoffteilchen (O) und zwei kleinere Wasserstoffteilchen (H). Deswegen heißt Wasser in der Wissenschaft H_2O. Logisch, oder?

Wasser kann allerlei Formen annehmen. Wird es kälter als 0 °C, verändert es sich und wird zu Eis. Dann muss man aufpassen, weil Eis mehr Platz einnimmt als nicht gefrorenes Wasser. Deswegen kann eine geschlossene Wasserflasche platzen, wenn du sie in die Tiefkühltruhe legst! Wird Wasser wärmer als 100 °C, beginnt es zu kochen. Im Wasser entstehen Blasen, weil sich die Wasserteilchen nach und nach in Dampf verwandeln und unsichtbar in der Luft hängen. Eis kann auch direkt zu Wasserdampf werden, ohne erst wässrig zu sein. Das nennen wir Sublimation.

Warum kocht Wasser auf einem Berg schneller?

Auf einem Berg kocht Wasser viel früher als normal – und weil die Temperatur dadurch niedriger ist, werden Kartoffeln weniger schnell gar als sonst. Woran das liegt? Der Kochpunkt von Wasser ist auf großer Höhe niedriger, weil der Luftdruck auf dem Berg sehr viel niedriger ist als auf dem Meeresspiegel, das ist das Höhenniveau der Meeresoberfläche. Der Luftdruck sagt uns, wie viel Kraft die Luft auf uns und auf alles in unserer Umgebung ausübt. Diese Kraft wird kleiner, je höher du auf einen Berg steigst. In den Alpen kocht Wasser beispielsweise schon bei 90 °C.

Warum ist Meereswasser nicht durchsichtig?

Das Meer wirkt oft blau. Das liegt am Licht auf der Erde: Es ist weiß und bündelt eine Menge verschiedene Farben. Wasser nimmt rotes Licht hundertmal besser auf als blaues Licht. Außerdem streut Wasser blaues Licht auch noch fünfmal besser als rotes Licht. Weil das Wasser also das rote Licht aufnimmt und das blaue Licht widerspiegelt, sieht das Meer für uns blau aus. Diese Wirkung wird erst deutlich, wenn das Wasser ziemlich tief ist.

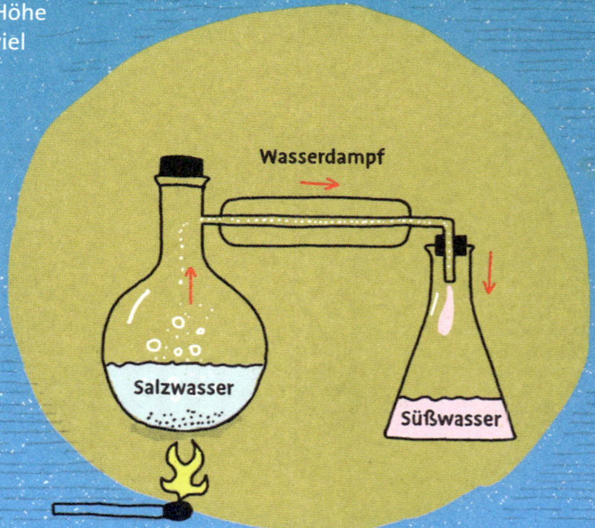

Kann man aus Meerwasser Trinkwasser machen?

In sehr trockenen und warmen Ländern wie Saudi-Arabien stehen riesige Fabriken, die für Trinkwasser in der Wüste sorgen. Das Meerwasser wird in großen Installationen aufgewärmt, so dass Wasserdampf entsteht. Das Salz bleibt zurück, und der Dampf wird in einem anderen Raum wieder flüssig und trinkbar. Leider kostet dieses Erwärmen viel Energie.

SÜẞ-WASSER
SPRUDEL-WASSER
SCHWIMM-WASSER
HEILIGES WASSER
LÖSCH-WASSER
FEUER-WASSER
STILLES WASSER
WEICHES WASSER
HARTES WASSER
OBER-FLÄCHEN-WASSER
GRUND-WASSER
BRACK-WASSER
kondensieren
verdampfen
sublimieren
ablagern
GRABEN-WASSER
schmelzen
erstarren
H2O
REGEN-WASSER
LEITUNGS-WASSER
ABWASSER

DER WASSERKREISLAUF

Bestimmt hast du schon mal frische Regentropfen auf der Nase gespürt. Aber weißt du eigentlich, woher der Regen kommt? Diese Tropfen sind nämlich kein neues Wasser. Das Wasser ist immer schon da gewesen und befindet sich auf einer endlosen Reise, die wir den Wasserkreislauf nennen.

Die Wärme der Sonne lässt das Wasser in Ozeanen, Meeren, Seen oder Pfützen auf dem Boden verdunsten. Der Wasserdampf steigt in die Luft und wird zu einer Wolke, sobald der Dampf in höhere, kältere Luftschichten gelangt. Haben sich sehr viele Wassertropfen in einer Wolke gesammelt, kann es daraus regnen, hageln oder schneien.

Viele Regentropfen landen dann erneut in den Meeren oder Ozeanen, aber es regnet natürlich auch auf dem Land. Was passiert mit dem Regenwasser, das auf den Boden fällt? Die meisten Regentropfen in und auf dem Boden verdampfen wieder durch die Sonnenwärme. Je wärmer es ist, desto mehr Wasser verdunstet.

Außerdem trinken die Pflanzen den Regen. Ein großer Teil des Wassers, das sie über ihre Wurzeln aus dem Boden ziehen, gelangt dann über ihre Blätter auch wieder in die Luft. Das nennen wir Transpiration. Pflanzen schwitzen also, genau wie Menschen.

Ein Teil des Regens fließt über das Land in die Bäche und Flüsse, die das Wasser zum Meer führen.

Ein weiterer Teil des Regens dringt in den Boden ein. Dieser Vorgang heißt Infiltration und ist sehr wichtig für das Grundwasser, das sich unter unseren Füßen im Boden befindet. Grundwasser fließt sehr langsam, doch letzten Endes landet auch dieses Wasser in den Flüssen und im Meer.

Dort kann das Wasser erneut verdunsten, und der Wasserkreislauf beginnt von neuem. Und von neuem. Und wieder von neuem.

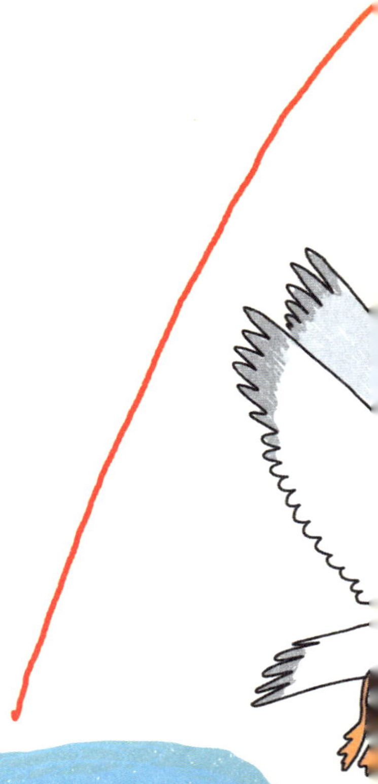

Warum ist Meerwasser salzig?

Auf seinem Weg von den Bergen zum Meer wird Süßwasser Schritt für Schritt ein klein wenig salziger. Auf seiner langen Reise über und durch den Boden nimmt es nämlich allerlei Salze vom Untergrund mit. In den Flüssen und Seen, aber vor allem im Meer, verdunstet ein Teil des Süßwassers und die Salze bleiben übrig. Sie sinken zum Ozeanboden oder landen an der Küste. Dieses Meersalz schmeckt sehr gut als Würze im Essen! Wenn du das nächste Mal in einem Supermarkt bist, sieh dich einmal um, ob du Meersalz in den Regalen findest.

Wie lange bleiben Wassertropfen in einer Wolke?

Es dauert ungefähr acht Tage, bevor ein Wassertropfen, der verdunstet ist, als Regen, Hagel oder Schnee auf die Erde zurückfällt.

ÜBERALL WASSER

Wasser kannst du trinken, du kannst damit kochen, duschen, die Toilette abspülen oder die Pflanzen damit bewässern. Landwirte brauchen Wasser, damit die Tiere trinken können und das Getreide wächst. Fabriken brauchen auch viel Wasser: Sie kühlen damit ihre Maschinen, sie brauchen es zur Herstellung von Bier oder Limonade oder sie waschen ihre Lastwagen damit.

Aber woher kommt das ganze Wasser? Einen Teil holen wir aus Flüssen und Seen. Das nennen wir Oberflächenwasser. Weil es leicht zugänglich ist, wird es für viele verschiedene Dinge genutzt. Das reicht vom Warentransport mit Schiffen über die Kühlung von Kraftwerken bis zum Bewässern von Feldern und der Herstellung von Trinkwasser. Aber es gibt nicht immer gleich viel Oberflächenwasser. Hat es eine Weile sehr viel geregnet, sind die Flüsse voller Wasser. Bleibt es lange trocken, führen die Flüsse wenig Wasser.

Dann können wir ihnen nicht viel Wasser entnehmen, weil wir sonst das Leben der in den Flüssen lebenden Tiere gefährden. Unter dem Boden befindet sich auch viel Wasser. Dieses Grundwasser können wir hochpumpen. Mehr als die Hälfte des Trinkwassers bei uns stammt aus Grundwasser, weil es oft die sauberste Wasserquelle ist. Weltweit kannst du Wasser auf sehr unterschiedliche Arten in der Landschaft sehen!

Großes Torfmoor (Deutschland)

Bombenkrater (Belgien)

Dachsteinhöhle (Österreich)

Niagarafälle (Kanada)

Wasserturm (Belgien)

Moldau (Tschechien)

Jigokudani (Schnee-)Affenpark (Japan)

Cenoten (Mexiko)

Geysir (Island)

Boesmansgat (= Buschmannhöhle) (Südafrika)

Pamukkale (Türkei)

Perito-Moreno-Gletscher (Argentinien)

Loch Ness (Schottland)

Polder (Niederlande)

Kann man Grundwasser sofort trinken?

Tiefes Grundwasser ist oft sehr rein. Damit aus diesem Grundwasser Leitungswasser wird, muss es kaum gereinigt werden. Flaches Grundwasser ist deutlich stärker verschmutzt, etwa durch Mist auf den Feldern, Produkte, die im Garten gegen Unkraut oder Ratten verwendet werden, oder durch Abfälle aus Fabriken und Wohnhäusern.

Wie viel Regenwasser kannst du zu Hause nutzen?

Wenn du eine Wassertonne oder eine Zisterne hast, kann ungefähr die Hälfte des Wassers, das in Haus und Garten benötigt wird, Regenwasser sein. Gut für die Umwelt also!

Wenn du Wasser brauchst, um die Toilette zu spülen, die Wäsche zu waschen, das Auto zu putzen oder die Pflanzen im Garten zu gießen, kannst du auch Regenwasser sammeln. Dann lässt du das Wasser, das auf das Hausdach fällt, über eine Regenrinne in eine Wassertonne oder in eine Zisterne unter dem Erdboden laufen. Dort wird es gespeichert, bis es benötigt wird. So muss dafür kein Trinkwasser vergeudet werden.

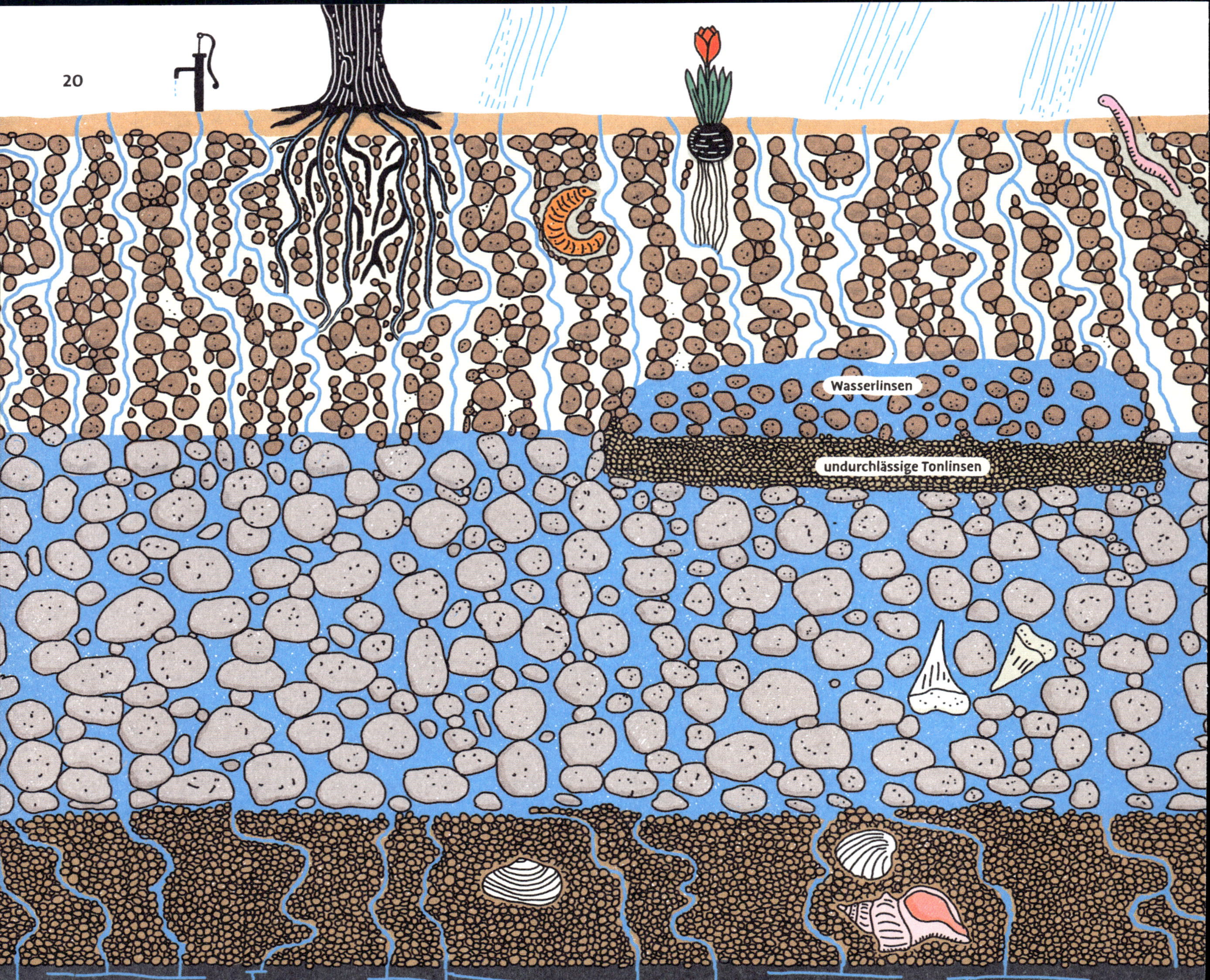

WIE ENTSTEHT GRUNDWASSER?

Der größte Teil des Wassers auf unserem blauen Planeten sammelt sich in Meeren und Gletschern. Aber Salzwasser und Eis kann man nicht trinken. Fast alles Wasser, das nicht salzig oder gefroren ist, befindet sich unter der Erde. Das Grundwasser fließt jedoch nicht in unterirdische Seen oder Flüsse. Du findest es in den kleinen Hohlräumen und Spalten zwischen Sandkörnern sowie in und zwischen Steinen unter dem Boden.

Wenn es regnet, versickert ein Teil des Wassers im Boden. Diese Regentropfen finden ihren Weg ins Grundwasser. Das kann dicht unter unseren Füßen liegen oder viel tiefer, bis zu Hunderten von Metern tief. Manche Tropfen erreichen das Grundwasser bereits nach einigen Tagen, Wochen oder Monaten, aber es kann auch Jahre oder sogar Jahrhunderte dauern.

Grundwasser bleibt oft sehr lange im Boden. Doch all dieses Wasser wird irgendwann in Bäche, Flüsse oder Meere fließen. Es gibt verschiedene Arten von Grundwasser: flaches und tiefes Grundwasser. Das flache Grundwasser befindet sich ein paar Meter bis etliche dutzend Meter unter der Erdoberfläche. Wenn es regnet, wird es aufgefüllt. Bleibt es eine Weile trocken, sinkt das flache Grundwasser ab. Das tiefe Grundwasser befindet sich hundert oder sogar einige hundert Meter tief im Boden. Dort ist es gut geschützt. Diesem Grundwasser macht es nicht so viel aus, ob es viel oder wenig regnet.

Es ist aber sehr wichtig, dass wir insgesamt nicht zu viel Grundwasser hochpumpen. Denn wenn wir das tun, kann das Grundwasser versiegen, Flüsse können austrocknen, Pflanzen- und Tierarten aussterben, oder der Boden kann einbrechen. Und wie du jetzt weißt, kann es dann manchmal Jahre oder Jahrhunderte dauern, bevor das Grundwasser vom Regen wieder aufgefüllt ist.

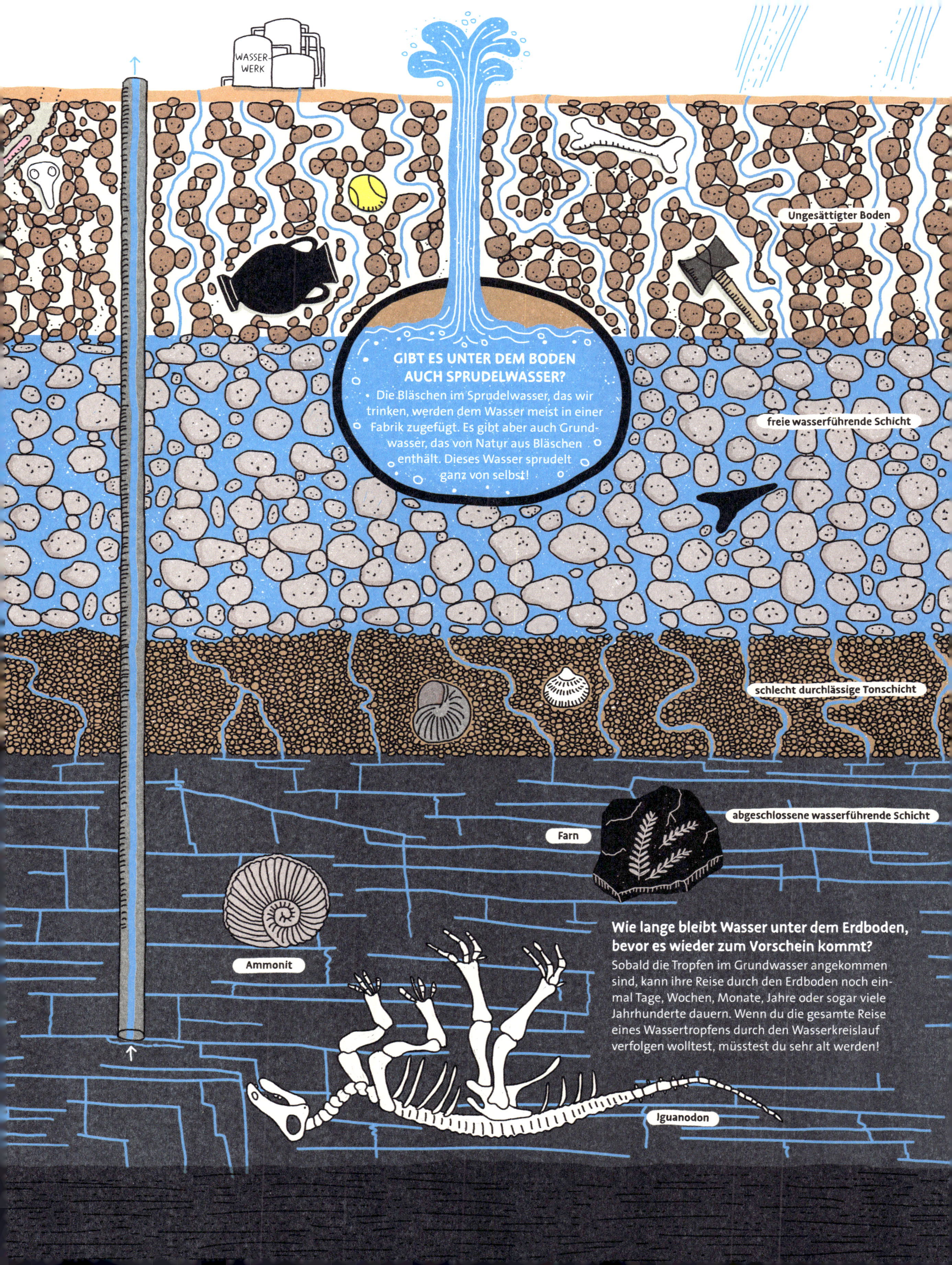

GIBT ES UNTER DEM BODEN AUCH SPRUDELWASSER?

Die Bläschen im Sprudelwasser, das wir trinken, werden dem Wasser meist in einer Fabrik zugefügt. Es gibt aber auch Grundwasser, das von Natur aus Bläschen enthält. Dieses Wasser sprudelt ganz von selbst!

Wie lange bleibt Wasser unter dem Erdboden, bevor es wieder zum Vorschein kommt?

Sobald die Tropfen im Grundwasser angekommen sind, kann ihre Reise durch den Erdboden noch einmal Tage, Wochen, Monate, Jahre oder sogar viele Jahrhunderte dauern. Wenn du die gesamte Reise eines Wassertropfens durch den Wasserkreislauf verfolgen wolltest, müsstest du sehr alt werden!

WIE KANNST DU GRUNDWASSER FINDEN?

Jetzt weißt du schon, was Grundwasser ist und wie die Grundwasservorräte angefüllt werden, aber noch nicht, wie du dieses unterirdische Wasser finden kannst. Schließlich ist das Wasser tief unter deinen Füßen nicht zu sehen. Trotzdem nutzt der Mensch es schon seit Jahrtausenden!

Eine ganze Menge Tipps zum Finden von Grundwasser bekommen wir von der uns umgebenden Landschaft: In einem Tal hast du mehr Chancen, Grundwasser in geringer Tiefe zu finden, als auf einem Berg. Manche wasserliebenden Bäume oder Pflanzen, wie Weiden oder Schilf, verraten uns ebenfalls, wo sich flaches Grundwasser befindet.

Aber wie bekommst du es an die Erdoberfläche? Das ist gar nicht so leicht! Erst musst du dir die geologische Karte des Bodens anschauen. Darauf steht, welche Art von Boden und Steinen über- und nebeneinanderliegen. Um Wasser an die Oberfläche pumpen zu können, musst du Steine finden, die genügend Hohlräume oder Risse haben, durch die das Wasser leicht fließen kann.

Gefunden? Dann geht es los! Mit schwerem Gerät bohrt man ein tiefes Loch. Bis zu hundert Meter tief, wenn es nötig ist! Und jetzt ... immer kräftig pumpen!

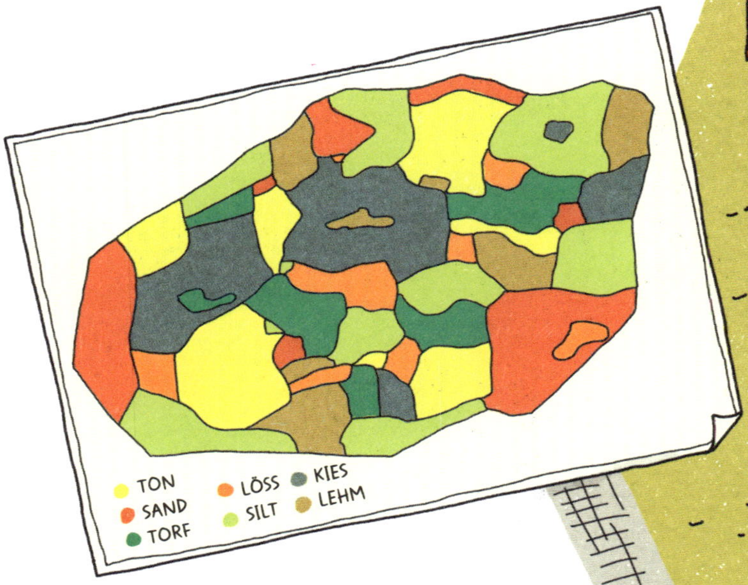

TESTE ES SELBST!

≈ Nimm bei deinem nächsten Strandausflug eine Schaufel mit.
≈ Suche dir eine gute Stelle, um ein Loch zu graben.
≈ Steht nach einer Weile Wasser in deinem Loch? Dann hast du Grundwasser gefunden!

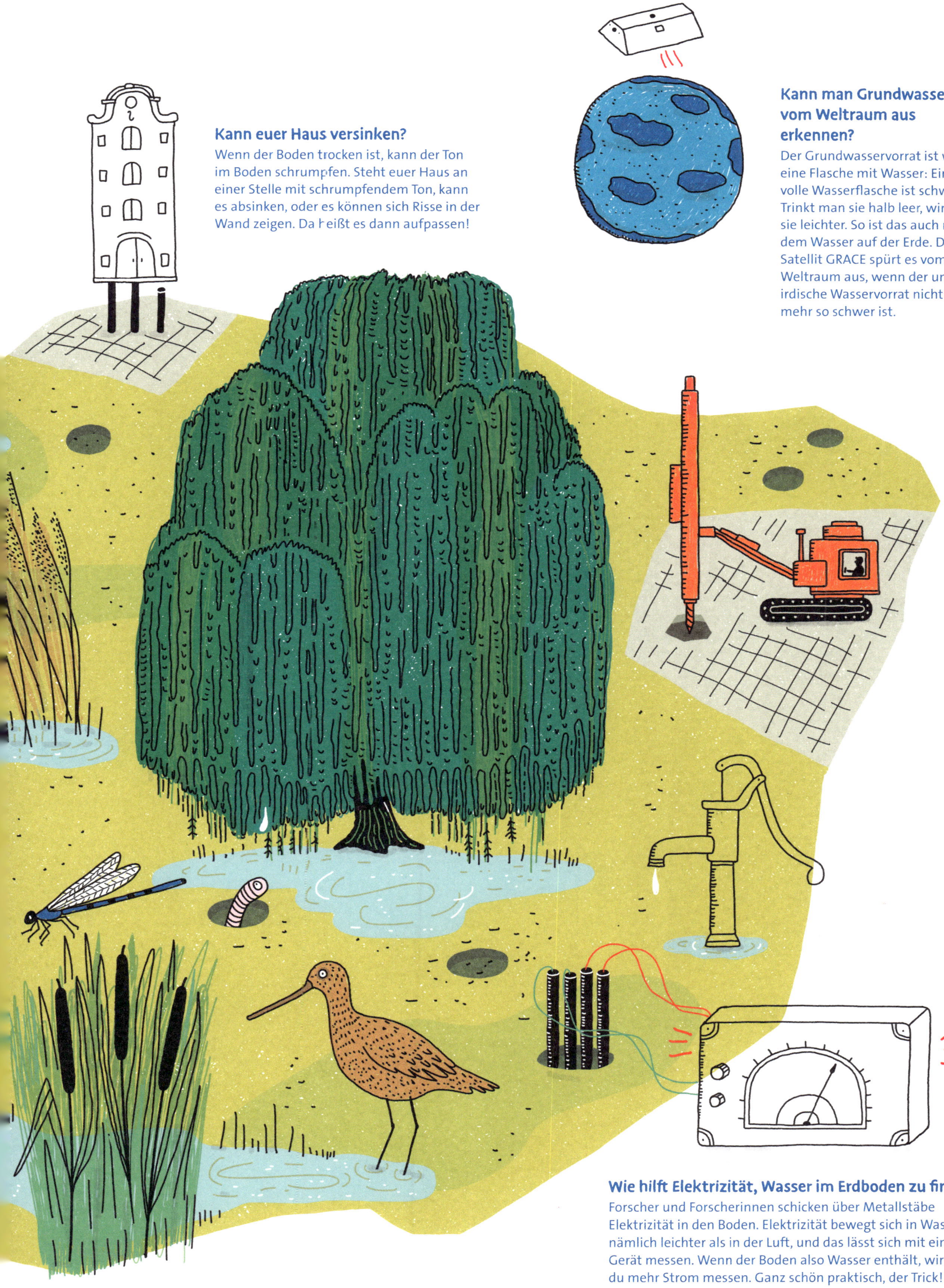

Kann euer Haus versinken?

Wenn der Boden trocken ist, kann der Ton im Boden schrumpfen. Steht euer Haus an einer Stelle mit schrumpfendem Ton, kann es absinken, oder es können sich Risse in der Wand zeigen. Da heißt es dann aufpassen!

Kann man Grundwasser vom Weltraum aus erkennen?

Der Grundwasservorrat ist wie eine Flasche mit Wasser: Eine volle Wasserflasche ist schwer. Trinkt man sie halb leer, wird sie leichter. So ist das auch mit dem Wasser auf der Erde. Der Satellit GRACE spürt es vom Weltraum aus, wenn der unterirdische Wasservorrat nicht mehr so schwer ist.

Wie hilft Elektrizität, Wasser im Erdboden zu finden?

Forscher und Forscherinnen schicken über Metallstäbe Elektrizität in den Boden. Elektrizität bewegt sich in Wasser nämlich leichter als in der Luft, und das lässt sich mit einem Gerät messen. Wenn der Boden also Wasser enthält, wirst du mehr Strom messen. Ganz schön praktisch, der Trick!

DIE ROLLE DES WASSERS FÜR DAS KLIMA

Warum regnet es an manchen Orten mehr als an anderen? Wie kommt es, dass am Meer ein anderes Klima herrscht als in den Bergen oder im Landesinnern? Und – was ist Klima eigentlich?

Nun, Klima ist das Wetter, das über viele Jahre hinweg zu unterschiedlichen Zeitpunkten gemessen wird. Das Wetter ist Temperatur, Wind, Bewölkung und Niederschlag zu *einem* Zeitpunkt. Das Klima dagegen bestimmt, welche Kleidung du im Laufe des Jahres im Laden kaufst, aber das Wetter sagt dir, welche Kleidung du heute tragen solltest. Das Klima ist also das Wetter, das wir an den verschiedenen Orten auf der Welt erwarten. Das Klima ist von vielen Dingen abhängig, etwa von der Sonnenwärme, von warmen und kalten Luftschichten, von der Widerspiegelung der Sonnenstrahlen auf dem Land und so weiter.

Die Wasserflächen auf der Erde sind nicht nur wichtig, weil sie dafür sorgen, dass es regnet, sondern auch, weil sie die Wärme der Sonne speichern. Wasser erwärmt sich langsamer als Land. Wenn die Sonne scheint, ist es daher über dem Schwimmbad kühler als auf der Straße. Im Sommer ist es am Meer immer etwas frischer als etwas von der Küste entfernt im Landesinnern. Im Winter funktioniert das umgekehrt: Dann gibt das Meer seine Wärme allmählich wieder ab, und es bleibt an der Küste wärmer als im Land.

Das viele Wasser in den Ozeanen fließt von einer Seite der Erde zur anderen Seite. Wärst du ein Fisch, könntest du in diesem Strom mitschwimmen. Die Strömungen bringen auch Wärme von den wärmeren Gebieten an kühlere Orte. In Ländern, die in der Nähe eines solchen Wasserstroms liegen, ist es ein paar Grad wärmer als in Ländern, die weiter davon entfernt sind.

Auch Berge spielen beim Klima an einem bestimmten Ort eine Rolle. Hohe Berge haben oft eine Seite, an der es viel regnet, und eine, an der es wenig oder nie regnet. Die Luft über uns ist kilometerhoch und besteht aus verschiedenen Schichten, die immer kälter werden. Die feuchte Luft, die mit dem Wind herbeigeführt wird, muss von niedrigen, warmen Luftschichten in hohe, kalte Luftschichten aufsteigen, weil der Berg im Weg steht. In der kälteren Luft verwandelt sich der Wasserdampf wieder in Wasser. Diese Tropfen bilden Wolken und schließlich beginnt es zu regnen. Ein Gebirge hat daher oft eine nasse Seite (Luvseite) und eine trockene Seite (Leeseite). Das Phänomen, bei dem weniger Niederschlag auf der trockenen Seite fällt, heißt Regenschatten.

Wer ist Wladimir Köppen, und was hat er mit dem Klima zu tun?

Damit wir die verschiedenen Klimazonen auf der Erde beschreiben können, brauchten wir ein System. Deswegen hat sich Wladimir Köppen fünf große Klimagruppen überlegt. An diesem Tag war er bestimmt nicht besonders erfinderisch, denn er hat einfach nur die Großbuchstaben A, B, C, D und E für ihre Bezeichnung genommen. Temperatur, Niederschläge und Pflanzenarten, die in einem Gebiet wachsen können, waren für ihn Hinweise dafür, welches Klima in welche Gruppe gehörte. Dieses Buchstabensystem verwenden wir bis heute.

WASSER UND WETTER

Regnet es draußen? Wo sind meine Gummistiefel und der Schirm? Regen kennen wir nur zu gut, aber Wasser kann auf unterschiedliche Weise aus dem Himmel fallen. Wenn Regentropfen gefrieren, entsteht Hagel. Im Winter fällt das Wasser manchmal in Eiskristallen aus der Luft. Das ist dann Schnee. Was für ein Spaß, aus dem knirschenden Schnee tolle Schneebälle zu formen!

Vor allem morgens tritt Wasser auch noch in einer anderen Form auf, nämlich als Nebel. Dabei handelt es sich um Wolken, die dicht über dem Boden hängen. Manchmal sieht man dadurch kaum die Hand vor Augen! Eine Wolke ist eine Ansammlung äußerst kleiner Wassertropfen oder Eiskristalle – oder eine Mischung aus beidem. Wusstest du, dass es sehr viele unterschiedliche Wolkenformen gibt? Wolken verändern unablässig ihre Form, beispielsweise durch Luftströmungen.

Aber wann fängt es denn nun eigentlich an zu regnen? Schließlich gibt es im Weltraum keine Riesendusche, die hin und wieder jemand kurz aufdreht. Also, was passiert da? Die Wolken, die über uns am Himmel treiben, sind eine Ansammlung von Milliarden winziger Wassertropfen. In warmen Ländern beginnt es zu regnen, weil diese winzigen Wassertropfen in den Wolken zusammenstoßen. Dann bleiben sie zusammen, bis sie gemeinsam einen Tropfen bilden, der schwer genug ist, um nach unten zu fallen.

In kälteren Regionen ist es hoch oben am Himmel so kalt, dass die Wolken auch Eiskristalle enthalten. Diese Eiskristalle werden immer größer, weil die Tröpfchen in der Wolke an den Eiskristallen kleben bleiben und festfrieren. Sind die Kristalle schwer genug, fallen sie nach unten. Erst als Schneeflocken, aber weil sie meist schon schmelzen, bevor sie den Boden erreichen, sehen wir sie dort als Regen.

Kannst du Regenwasser trinken?
Regenwasser sieht sauber aus, aber du solltest es nicht einfach so trinken. Durch die Abgase von Autos und Fabriken gelangen viele ungesunde Stoffe in die Luft. Die Regentropfen nehmen einen Teil dieser Stoffe auf. Auch Hausdächer können ziemlich schmutzig sein. Diesen Schmutz nimmt das Wasser mit, wenn es in deine Regentonne oder in die Zisterne fließt. Keine gute Idee also, Regenwasser einfach so zu trinken, denn wer weiß, vielleicht trinkst du dann auch Vogelkacke mit!

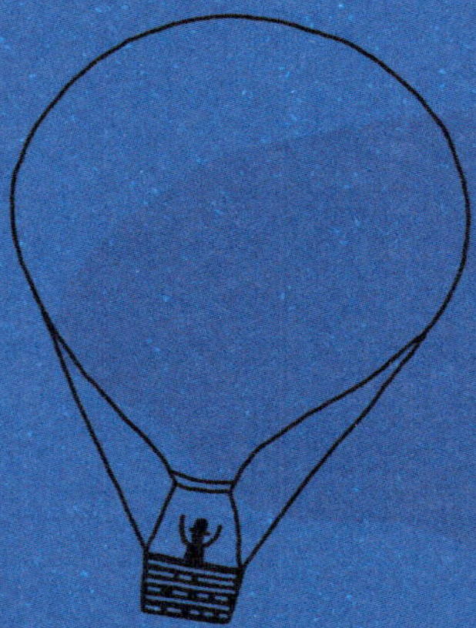

Was ist eine Wolkenfamilie?
Im 18. Jahrhundert lag der Apotheker Luke Howard häufig auf dem Rücken im Gras und beobachtete die Wolken. Er entdeckte, dass es verschiedene Familien gibt. Wolken aus derselben Familie befinden sich auf derselben Höhe in der Luft. Er dachte sich daher auch Namen für die vier Familien aus: hohe Wolken, mittelhohe Wolken, niedrige Wolken und vertikale Wolken, die sich über mehrere Höhenbereiche erstrecken. Jede Wolke in dieser Familie hat einen verrückten Namen. Wie findest du zum Beispiel Zirrus oder Stratus oder Kumulonimbus?

Wann gibt es einen Gewitterschauer?

Gewitter entstehen, weil sich stark steigende warme Luft und stark fallende kalte Luft aneinanderreiben. Enthält diese Luft dann auch noch viel Wasser, kann es zu beeindruckenden Regen- und Windstößen kommen. Gewitterwolken können kilometerhoch sein und deswegen eine Menge Wasser enthalten.

WIE GINGEN DIE MENSCHEN FRÜHER MIT WASSER UM?

Wasser ist für die Menschen sehr wichtig, wie ein Blick in die Geschichte bestätigt. Große Völker und Kulturen überall auf der Welt hatten meist sehr kluge Methoden entwickelt, wie sie Wasser zu ihren Wohnorten und auf ihre Ackerflächen bringen konnten. Manchmal ist es heute noch schwierig herauszufinden, wie ihnen das gelungen ist. Viele der Dinge, die für uns heute ganz normal sind, haben Menschen schon vor langer Zeit erfunden.

Schon über 3000 Jahre v. Chr. legten die Menschen im Zweistromland oder Mesopotamien im Nahen Osten Kanäle an, um das Wasser zu ihren Feldern zu leiten. Dort war es sehr trocken, aber weil die Flüsse Euphrat und Tigris manchmal über die Ufer traten und feinen Schlamm oder Schlick zurückließen, eignete sich der Boden doch sehr gut zum Anbau von Pflanzen. Sie gruben Kanäle, die sie öffnen und schließen konnten. Sie nutzten auch einen Schaduf, einen Hebebaum mit einem Eimer, der ihnen half, das Flusswasser aus den Kanälen bis zu ihrem Acker zu bringen.

Die Römer wiederum waren bekannt für ihre prachtvollen Badehäuser und ihr Netzwerk aus Aquädukten. Sie nutzten diese großen, steinernen Bauwerke, um sauberes Wasser vom Fluss in die Stadt zu bringen. So wurden sie nicht so schnell krank. Die Römer haben die Aquädukte nicht erfunden, aber sie waren große Baumeister. In Südfrankreich kannst du ein solches Werk bewundern – inzwischen steht es schon seit mehr als 2000 Jahren dort: der Pont du Gard.

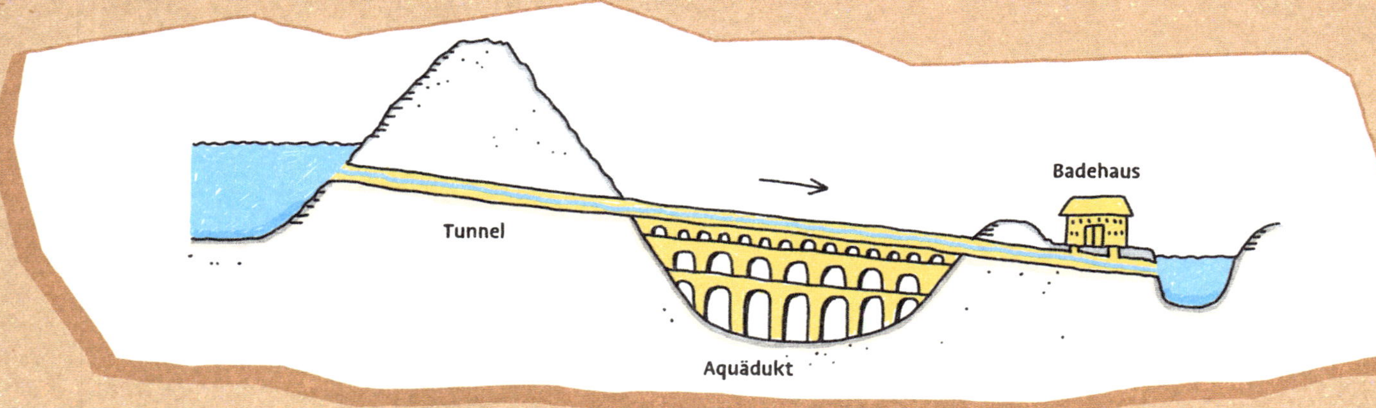

Die hängenden Gärten von Ninive

Archimedes konnte beim Baden immer sehr gut nachdenken. Heureka!

Schon die alten Griechen schrieben über Babylon – oder war es doch Ninive? –: »Eine Stadt mit Terrassen voller prächtiger Pflanzen.« Über unterirdische Kanäle und Aquädukte holten die Einwohner Wasser aus den Bergen und brachten es mit einer Wasserschraube in die hohen Gärten. Diese Erfindung wird dem Griechen Archimedes zugeschrieben, aber wahrscheinlich gab es sie schon früher.

Schöpfrad

Wasseruhr

Kann man eine Uhr aus Wasser bauen?

Im alten Ägypten, aber auch unter anderem in Persien und China, nutzten die Menschen das Wasser nicht nur für den Anbau von Nahrung – sie bauten auch Wasseruhren! Durch ein System aus Röhren und Reservoirs konnten sie messen, wie viele Stunden verflossen waren. Das war zum Beispiel sehr nützlich am Gerichtshof, damit die Anwälte nicht länger sprachen als verabredet, oder für Priester, die zum richtigen Tageszeitpunkt zu den Göttern beten wollten.

Abwassersystem Harappa

Wie brachte man früher Wasser zu höher gelegenen Orten?

Wer Wasser von einem niedrigen zu einem höher gelegenen Ort transportieren will, benutzt am besten eine Pumpe. Schon vor mindestens 3000 Jahren gab es im alten China und auch in Ägypten große Räder, an die man Eimer hängte, um ein Schöpfrad daraus zu machen. Das waren die ersten Pumpen. Die Kraft von Menschen oder Tieren brachte das Rad zum Drehen. So konnte man schnell Wasser aus dem Fluss schöpfen und zu einem höher gelegenen Kanal bringen.

Wann wurden die ersten Abwasserrohre gebaut?

Die Harappa- oder Induskultur hatte schon vor über 5000 (!) Jahren ein weitverzweigtes Abwassersystem aus gemauerten Backsteinen unter ihren Städten.

WARUM MUSST DU WASSER TRINKEN?

Ein erwachsener Mensch braucht ungefähr 1,5 bis 2 Liter Wasser pro Tag. Das ist mindestens eine große Flasche voll. Wie viel du tatsächlich brauchst, hängt davon ab, wie gesund und wie alt du bist, wie warm es ist, was du gerade machst und was du isst. Wenn du Sport treibst, kannst du sogar 1 bis 2 Liter Flüssigkeit in einer einzigen Stunde verlieren! Dein Körper braucht das Wasser für unterschiedliche Dinge: Es transportiert Nährstoffe durch deinen Körper, es schützt ihn vor einem Schock und es reguliert deine Temperatur. Wenn du schwitzt, wird deine Haut feucht. Diese Schweißtropfen verdampfen und kühlen die Haut.

Über die Hälfte des menschlichen Körpers besteht daher auch aus Wasser! Das meiste Wasser verlieren wir, weil wir zur Toilette gehen, aber auch durch Schwitzen und Atmen. Ein durchschnittlicher, gesunder erwachsener Mensch verliert etwa 2,5 Liter Flüssigkeit am Tag. Mit unserer Nahrung nehmen wir ungefähr einen Liter Flüssigkeit am Tag auf. Das restliche Wasser, das wir verlieren, müssen wir durch Trinken ergänzen. Wenn du nicht genügend trinkst, wird dir dein Körper daher auch schnell mitteilen, dass da etwas nicht stimmt. Du bekommst Durst, fühlst dich benommen und schwach, gerätst ein wenig durcheinander oder bekommst Kopfschmerzen.

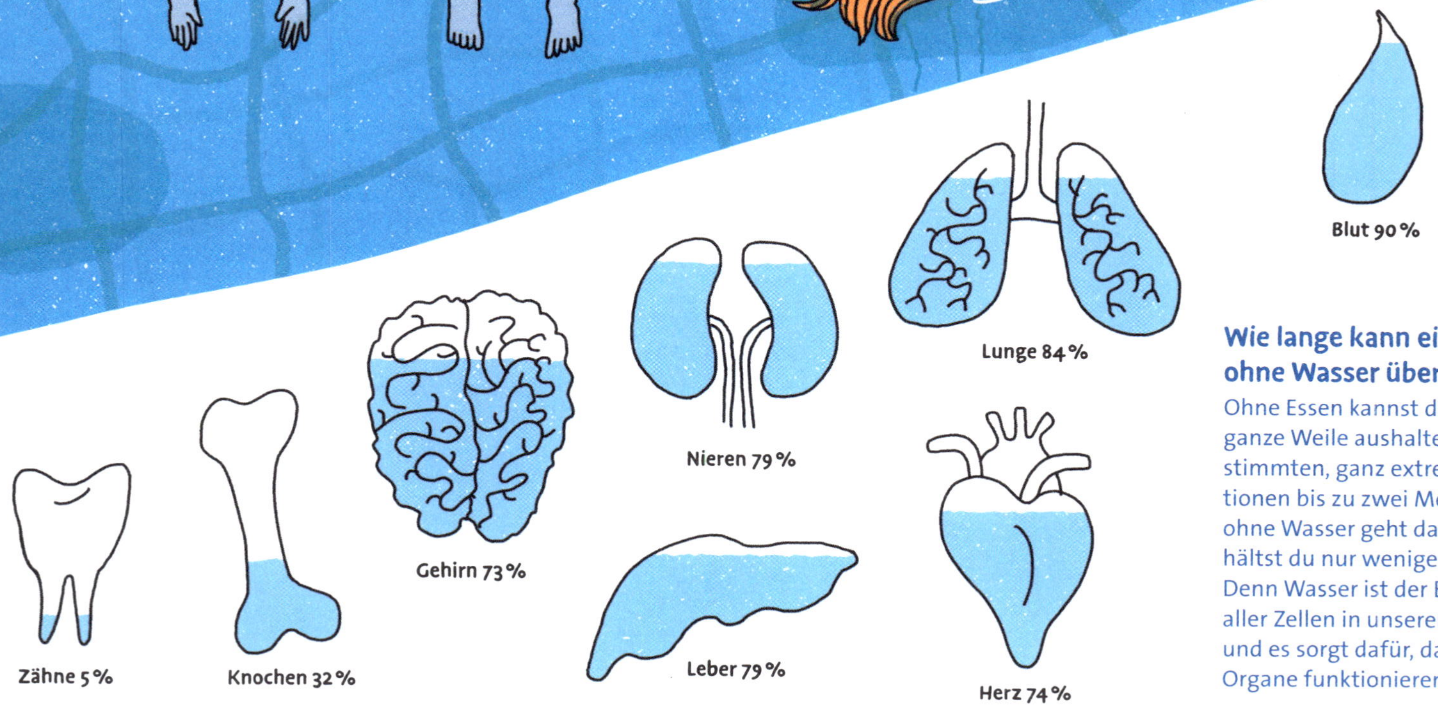

Wie lange kann ein Mensch ohne Wasser überleben?

Ohne Essen kannst du es eine ganze Weile aushalten. In bestimmten, ganz extremen Situationen bis zu zwei Monaten. Aber ohne Wasser geht das nicht. Das hältst du nur wenige Tage durch. Denn Wasser ist der Baustein aller Zellen in unserem Körper, und es sorgt dafür, dass unsere Organe funktionieren.

Warum schwimmen manche Menschen besser an der Oberfläche als andere?

Das hat nichts mit deiner Größe zu tun, sondern der Dichte deines Körpers. Die besagt, wie dicht die Teilchen, aus denen ein Gegenstand besteht, aneinanderkleben. Holz kann auf Wasser treiben, aber ein Stein nicht, denn die Dichte von Gestein ist höher als die von Holz. Manche Menschen ähneln eher einem Stück Holz, andere einem Stein. Jedenfalls treibt Fett besser oben als Muskeln. Auch wenn du deine Lunge voller Luft saugst, treibst du besser.

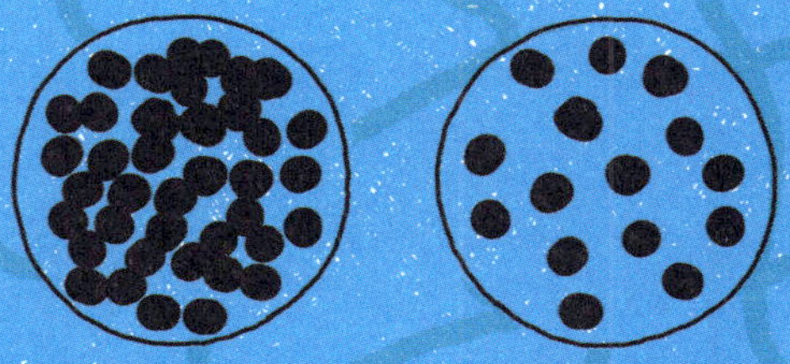

Pro Tag verliert ein Erwachsener ungefähr 2,5 Liter Wasser.

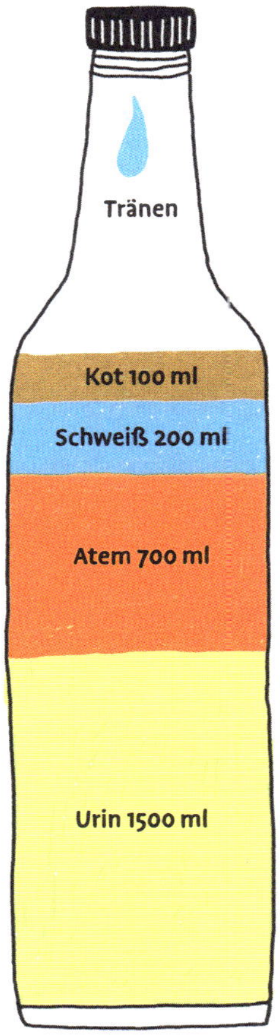

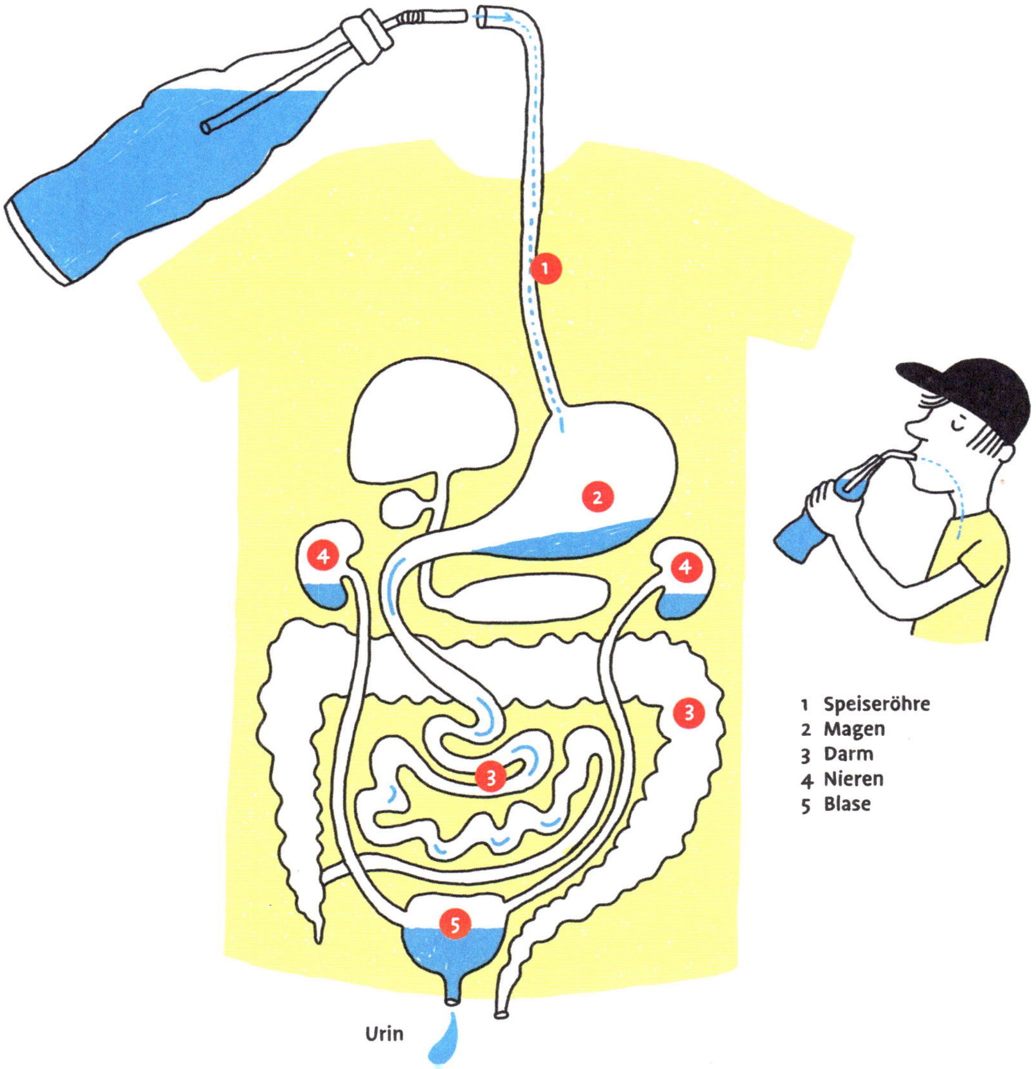

1 Speiseröhre
2 Magen
3 Darm
4 Nieren
5 Blase

WASSERREINIGUNG: WIE GEHT DAS EIGENTLICH?

Zur Reinigung des Wassers, das wir der Natur entnehmen, nutzen wir allerlei Filter und kluge Ideen. Für die Wasseraufbereitung entfernt das Trinkwasserwerk zunächst die größeren Verschmutzungen im Wasser – zum Beispiel tote Fische oder Holzstücke – mit einem groben Sieb. Das funktioniert wie bei einem Kescher, mit dem du vielleicht schon einmal am Strand Krabben oder Garnelen gefangen hast.

Dann fließt das Wasser weiter zu einem Reservoir, wo die schwereren Schmutzteilchen langsam auf den Boden sinken, weil das Wasser dort stillsteht. Im Wasserreservoir übernimmt die Natur einen großen Teil der Arbeit. Den kleinen Tierchen, die im Wasser schwimmen, dient dieser »Schmutz« nämlich als Nahrung.

Das Wasser wird hochgepumpt und durchläuft ein ganz feines Sieb. Der Schmutz, der trotzdem noch hier durchpasst, haftet durch ein Spezialmittel des Wasserwerks aneinander und bildet Flocken. Diese Flocken werden mit einer Art unterirdischer Riesenseifenblasen-Maschine nach oben gedrückt, so dass sie an der Oberfläche treiben. Den treibenden Flockenblasenschaum kann die Fabrik jetzt leicht entfernen. Dann fließt das Wasser weiter zu einem Sandfilter. Dort bleiben die allerletzten Miniverschmutzungen zwischen den Sandkörnern hängen.

Jetzt befindet sich im Wasser nur noch Schmutz, den du nicht sehen kannst. Dafür hat das Wasserwerk so etwas wie eine Superwaffe erfunden: einen Aktivkohlefilter. Der zieht unsichtbare Geschmacks- und Geruchsstoffe, Medikamente und noch viel mehr Abfallstoffe kräftig an und hält sie fest, wie ein Schwamm. Wenn das Wasser diesen letzten Filter verlässt, ist es ganz sauber.

Zum Schluss wird das Wasser mit etwas Chlor auch noch entkeimt. Chlor ist ein Wundermittel gegen Bakterien. Auch in den meisten Schwimmbädern wird Chlor verwendet, damit uns das Wasser nicht krank macht. Jetzt ist das Wasser trinkbar.

Können Dünen Wasser filtern?

Ein Sandfilter muss gar nicht künstlich sein. Manche Wasserwerke nutzen Dünensand zum Filtern. Das Wasser fließt durch die Dünen und wird dabei sauberer, weil die Schmutzteilchen in den kleinen Hohlräumen zwischen den Sandkörnern hängen bleiben.

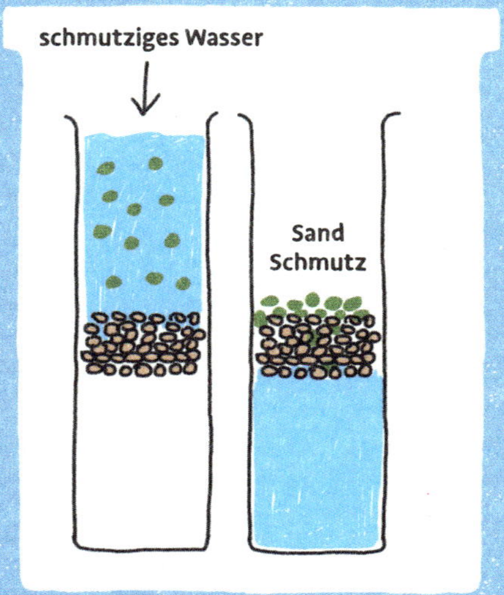

Was ist Aktivkohle?

Aktivkohle kann man nicht essen. Sie ähnelt ein wenig der Kohle, die du zu Hause zum Grillen benutzen kannst. Das schwarze Zeug hat Tausende winziger Hohlräume, die man nicht sehen kann, die aber die Schmutzteilchen auffangen.

TESTE ES SELBST!

≈ Mische durch kräftiges Rühren Sand oder Schlamm mit Wasser.
≈ Lass das Ganze eine halbe Stunde stehen.
≈ Was siehst du, wenn du wiederkommst? Es ist wie im Reservoir bei der Wasserreinigung: Die Schmutzteilchen sinken zu Boden.

James Simpson
Erfinder des Sandfilters

Was tranken die Menschen im Mittelalter?

Sie tranken Bier! Bei der Herstellung von Bier kocht der Brauer die Mischung aus Wasser, Getreide und Hopfen. Dadurch werden Krankheitskeime abgetötet. Frisches Wasser war in diesen Zeiten häufig voller Krankheitserreger, weil es noch kein gutes Abwassersystem und keine Wasserreinigung gab.

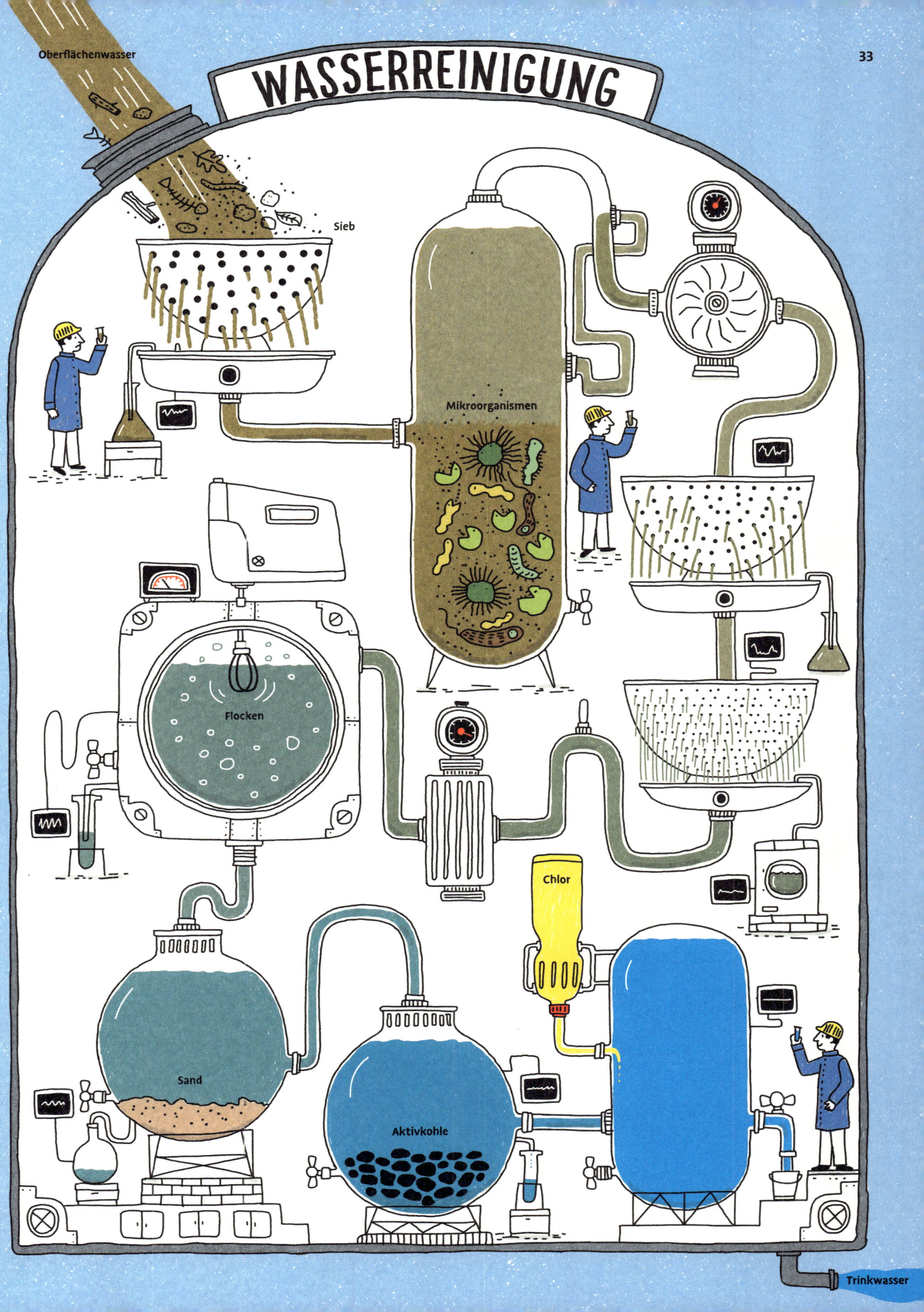
Oberflächenwasser
WASSERREINIGUNG
Sieb
Mikroorganismen
Flocken
Chlor
Sand
Aktivkohle
Trinkwasser

WIE KOMMT DAS TRINKWASSER ZU DIR NACH HAUSE?

Du drehst den Wasserhahn auf, und schon läuft es! Das scheint so leicht, aber das Wasser hat bereits einen langen Weg hinter sich, bevor es in deinem Glas landet.

Ein Teil dieses Wassers ist hochgepumptes Grundwasser. Ein anderer Teil ist Oberflächenwasser aus Flüssen und Seen. Das muss natürlich erst gereinigt werden, denn darin befinden sich Ästchen und Abfallstoffe. Danach muss das Wasser vom Wasserwerk zu dir nach Hause transportiert werden. Das geschieht über ein Rohrleitungsnetz, das etwa 60 cm oder tiefer unter der Erde liegt. Das Netz verbindet verschiedene Wasserwerke miteinander, aber auch Wohnhäuser, Büros und Fabriken.

Leider treten in diesen unterirdischen Netzwerken oder bei den Leuten zu Hause manchmal auch undichte Stellen auf. Weil die Leitungsrohre so tief unter dem Erdboden liegen, werden diese Lecks nicht so schnell entdeckt. Deswegen geht viel sauberes Trinkwasser verloren. Jährlich versickern Millionen Liter Trinkwasser. Ein kleiner Teil dieses großen Wasserverlusts entsteht durch veraltete Wasserzähler, Spülungen oder sogar durch Diebstahl. Wasserwerke suchen immer nach Methoden, wie sie am besten mit unteririschen Leckagen umgehen können. Wenn du eine Idee hast, solltest du unbedingt mit ihnen sprechen!

Was ist ein Erdfall oder Sinkloch?

Bleiben unterirdisch leckende Stellen lange unbemerkt, können spektakuläre Sinklöcher entstehen. Das Wasser einer undichten Wasserleitung spült den Boden unter einer Straße oder unter einem Gebäude immer weiter weg. Sehr lange sieht man davon nichts, weil die Straße wie eine Brücke über einer Schlucht liegen bleibt. Aber plötzlich wird das Loch zu groß, und die Straße oder das Gebäude kann sich nicht mehr halten. Sie stürzen in die unterirdische Grube. Ein Sinkloch kann so groß werden, dass ganze Bagger oder Häuser mitgerissen werden.

Warum ist an manchen Orten Kalk im Leitungswasser?

Grundwasser nimmt auf seiner Reise durch den Boden Teilchen auf, beispielsweise Kalk. Kalk ist gesund, kann aber auch weiße Flecken in der Dusche verursachen oder zu defekten Waschmaschinen führen. Wenn das Leitungswasser bei dir zu Hause aus Grundwasser gewonnen wurde, enthält es möglicherweise viel Kalk.

WAS PASSIERT MIT DEINEM PIPI?

Du bist fertig auf der Toilette und spülst ab. Damit startet dein Pipi in ein großes Abenteuer! Wie im Aqua-Freizeitpark saust es durch die Abwasserleitungen im Haus und platscht in die Kanalisation. Dort beginnt eine lange Reise durch Kurven, Sammelbecken und belebte unterirdische Kreuzungen, durch immer größer werdende Rohre zum Klärwerk.

Wie bei der Wasseraufbereitung im Trinkwasserwerk benutzt das Klärwerk zur Abwasserreinigung verschiedene Siebe, um Verschmutzungen zurückzuhalten. Danach landet das Wasser in großen runden Becken, in denen Mikroorganismen – das sind winzige Lebewesen – Zeit bekommen, den Schmutz im Wasser aufzufressen. Zum Teil sind diese Organismen bereits im Wasser enthalten, man findet sie jedoch vor allem im Schlick auf dem Beckenboden, weil die Schmutzteilchen im Wasser langsam nach unten sinken und dabei eine Schlammschicht bilden. Dann erst wird das Wasser in einen Fluss geleitet, und alles kann von neuem beginnen.

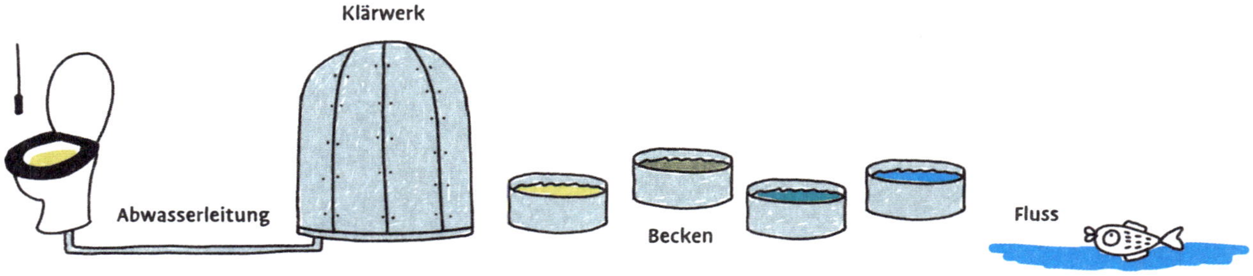

Früher gelangte eine Menge Abwasser aus den Kanälen direkt in die Bäche und Flüsse. Das stank fürchterlich! Fische und andere Wasserlebewesen suchten sich lieber ein saubereres Plätzchen zum Leben. In vielen Ländern leitet man das Wasser aus Toiletten noch immer geradewegs in die Flüsse. Das kann andere Menschen, die das Wasser weiter unten am Fluss verwenden, krank machen. Darum arbeiten eine Menge Länder sehr hart daran, das gebrauchte Wasser aus den Häusern zusammenzuführen und zu reinigen, bevor es in die Flüsse geleitet wird.

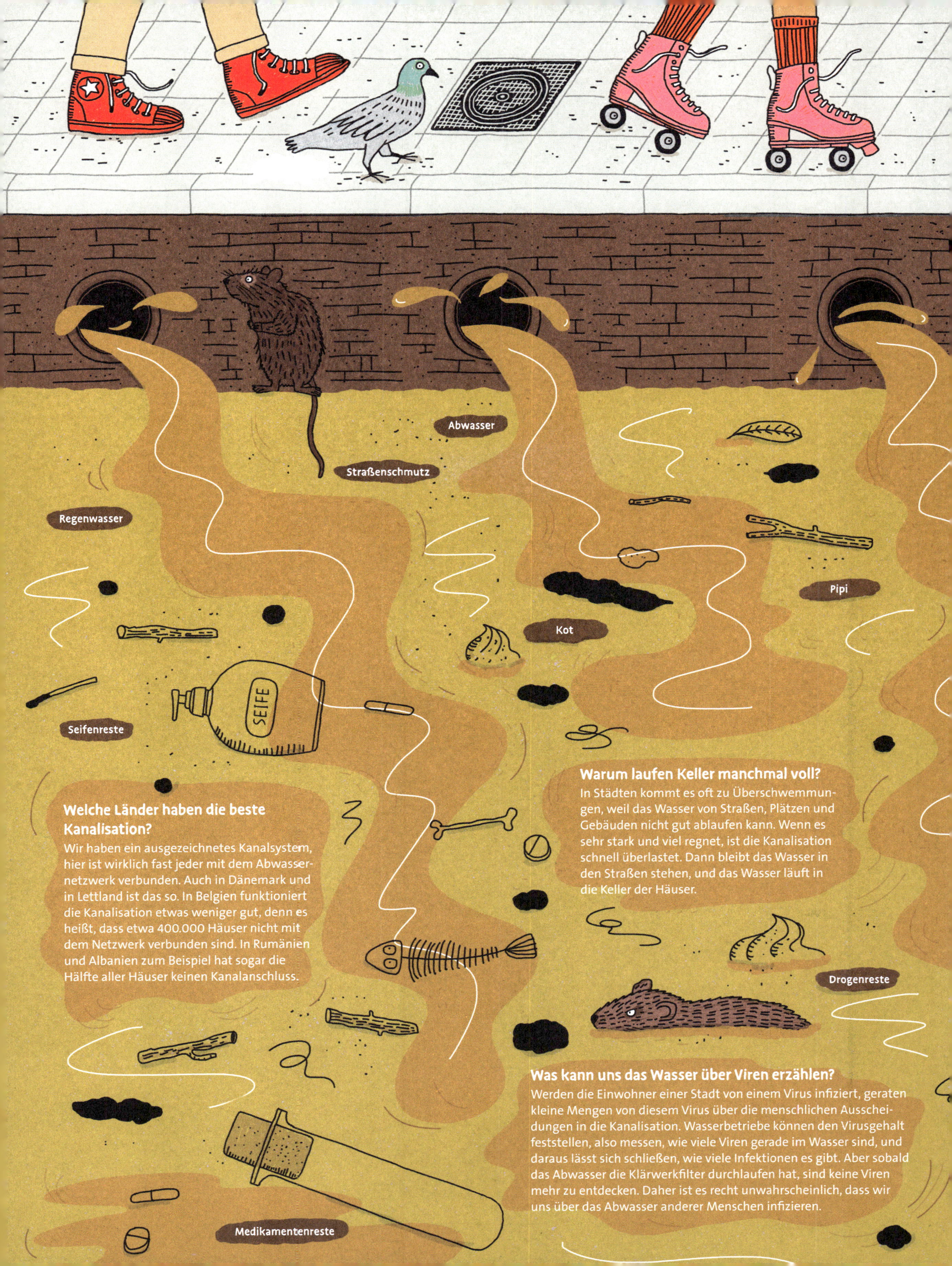

Welche Länder haben die beste Kanalisation?

Wir haben ein ausgezeichnetes Kanalsystem, hier ist wirklich fast jeder mit dem Abwassernetzwerk verbunden. Auch in Dänemark und in Lettland ist das so. In Belgien funktioniert die Kanalisation etwas weniger gut, denn es heißt, dass etwa 400.000 Häuser nicht mit dem Netzwerk verbunden sind. In Rumänien und Albanien zum Beispiel hat sogar die Hälfte aller Häuser keinen Kanalanschluss.

Warum laufen Keller manchmal voll?

In Städten kommt es oft zu Überschwemmungen, weil das Wasser von Straßen, Plätzen und Gebäuden nicht gut ablaufen kann. Wenn es sehr stark und viel regnet, ist die Kanalisation schnell überlastet. Dann bleibt das Wasser in den Straßen stehen, und das Wasser läuft in die Keller der Häuser.

Was kann uns das Wasser über Viren erzählen?

Werden die Einwohner einer Stadt von einem Virus infiziert, geraten kleine Mengen von diesem Virus über die menschlichen Ausscheidungen in die Kanalisation. Wasserbetriebe können den Virusgehalt feststellen, also messen, wie viele Viren gerade im Wasser sind, und daraus lässt sich schließen, wie viele Infektionen es gibt. Aber sobald das Abwasser die Klärwerkfilter durchlaufen hat, sind keine Viren mehr zu entdecken. Daher ist es recht unwahrscheinlich, dass wir uns über das Abwasser anderer Menschen infizieren.

OHNE WASSER KEIN ESSEN AUF DEM TELLER

Die Landwirtschaft benötigt eine Menge Wasser, damit genügend Nahrung heranwächst. Hier bei uns, in der Mitte von Europa, fällt zum Glück noch viel Regen. Der Klimawandel führt jedoch dazu, dass sich die Niederschläge immer weniger gut übers Jahr verteilen.

Bleibt es lange trocken, müssen die Landwirte ihre Felder selbst gießen. Dafür gibt es unterschiedliche Möglichkeiten: Man kann ein Feld überschwemmen lassen, man kann es mit Sprinklern beregnen, oder man kann es mit Tropfschläuchen wässern. Das Wasser muss dann allerdings von anderswo kommen, beispielsweise aus den Böden oder Flüssen oder vielleicht aus Sammelbecken, in denen die Landwirte im Winter Regen aufgefangen haben.

Zu viel Wasser kann allerdings auch unangenehm sein. Die meisten Pflanzen mögen es nicht, wenn ihre Wurzeln im Nassen stehen. Darum werden auch viele Äcker mit Entwässerungssystemen versehen, die das überschüssige Wasser aus dem Boden ableiten. Das geschieht über Becken, kleine Kanäle oder sogar über Rohre mit Löchern, die unter den Feldern liegen. Manche Flächen könnten sonst gar nicht für die Landwirtschaft genutzt werden, denn der Boden würde sich ohne die Entwässerung wieder in Morast und nasse Natur verwandeln. Viele dieser Anbauflächen wurden nämlich vor langer Zeit mit Hilfe großer Wasserwerke aus dem Wasser gewonnen, damit wir ausreichend Nahrungsmittel produzieren können.

Welche Landwirte brauchen das meiste Wasser?

Kein Bauernhof gleicht dem anderen, und nicht alle brauchen gleich viel Wasser. Das meiste Wasser wird für Gemüse- und Obstsorten benötigt, die in Gewächs- oder Treibhäusern wachsen. Aber auch für den Anbau von Pflanzen auf dem freien Feld und für die Produktion von Rinder- oder Schweinefleisch wird viel Wasser benötigt. Mehr dazu findest du auf der nächsten Seite.

Braucht die Landwirtschaft denn immer viel Wasser?

Bei uns zählt die Landwirtschaft sicherlich nicht zu den größten Wasserverbrauchern, weil wir meist ausreichend Regen abbekommen. Anders ist das in Ländern, in denen es während des Pflanzenwachstums zu wenig regnet. Gibt es plötzlich nicht mehr genug Wasser, kann das große Folgen haben, denn ohne Wasser sterben Pflanzen und Tiere, und die monatelange Arbeit der Landwirte ist verloren. Hier bei uns können wir den Tieren auch Leitungswasser geben, wenn es nötig ist.

WAS IST VIRTUELLES WASSER?

Alles Wasser, das zur Herstellung eines Produkts benötigt wird, nennen wir »virtuelles Wasser«. Und Wasser ist für fast alles notwendig, was wir benutzen oder essen. Denk nur mal an einen Hamburger! Hamburger werden aus Hackfleisch zum Beispiel vom Rind gemacht. Ein Rind muss sein ganzes Leben lang trinken, vor allem, wenn es weiblich ist und auch noch Milch gibt. Eine Kuh trinkt mindestens zehn Eimer Wasser pro Tag! Die Ställe müssen regelmäßig sauber gemacht werden, und die Kuh muss natürlich auch fressen.

Dieses leckere Heu oder anderes Futter muss irgendwo wachsen – und damit Pflanzen wachsen können, wird schon wieder Wasser benötigt! Du kannst dir also vorstellen, dass für diesen einen Burger sehr viel Wasser nötig war. Es hängt natürlich ein bisschen davon ab, wie die Landwirte vorgehen, aber für 200 Gramm Hackfleisch werden mindestens 2000 bis 3000 Liter (oder 200 bis 300 Eimer) Wasser benötigt.

Dieses Wasser stammt nicht immer aus dem Bach neben der Weide, denn nicht jeder Landwirt baut das Futter für seine Tiere auf seinem eigenen Land an. Aber irgendwo auf der Welt wurde Wasser gebraucht, um das Gras, den Klee oder das Soja für unsere Kuh wachsen zu lassen. Wasser ist jedoch nicht nur notwendig für unsere Nahrung, sondern für nahezu alles andere, etwa ein T-Shirt oder ein Smartphone. Alle Produkte, die wir benutzen, haben einen virtuellen »Wasserfußabdruck«. Er bezeichnet die Gesamtmenge an Wasser, die benötigt wird, um diesen Gegenstand herzustellen. Dabei geht es also nicht nur um das Wasser, das verbraucht wird, sondern auch um das Wasser, das bei der Herstellung eines Produkts verunreinigt wird.

Wer hat den Wasserfußabdruck erfunden?

Der Erfinder des Wasserfußabdrucks ist der niederländische Professor Arjen Hoekstra. Viele Produkte werden an ganz anderen Orten produziert als dort, wo sie später verkauft werden. Schau dir mal das Etikett in deinem T-Shirt an. Wo wurde es hergestellt? Der Professor hat alles Wasser zusammengezählt, das für die Herstellung eines Produkts notwendig ist, auch wenn dieses Wasser irgendwo anders auf der Welt verbraucht wurde. So konnte er zeigen, dass wir sehr viel mehr »virtuelles Wasser« verbrauchen, als wir aufgrund unserer Wasserabrechnung glauben.

1 Apfel: 125 l

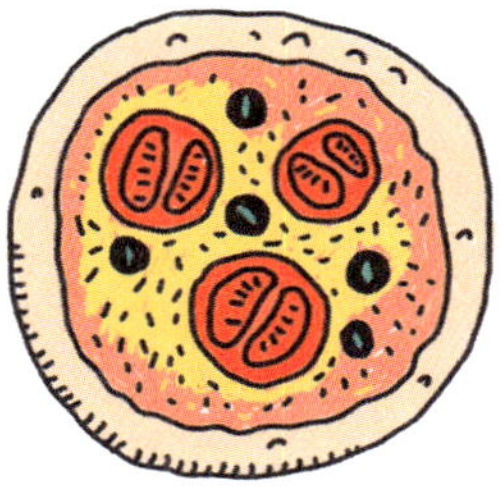

1 Pizza: 1260 l

1 Tomate: 50 l

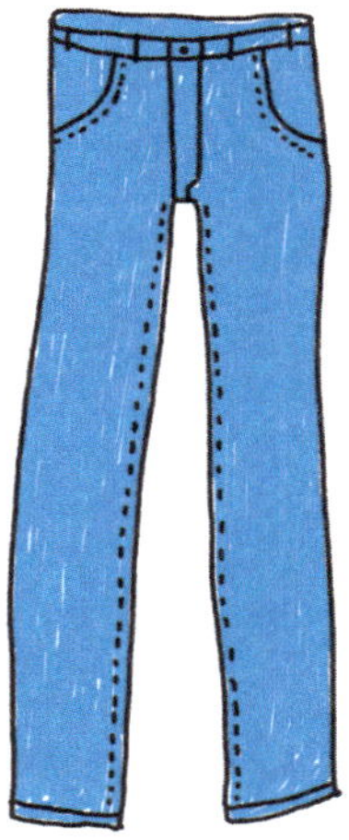

1 Jeans: 10 850 l

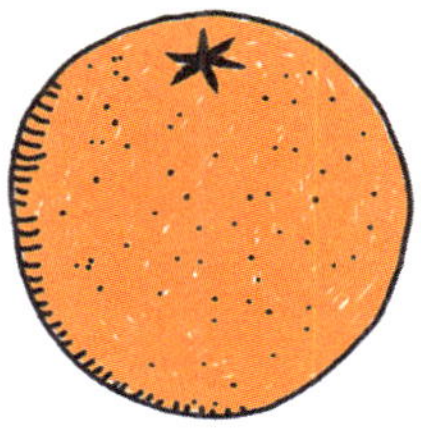

1 Orange: 80 l

1 Smartphone: 910 l

1 Tasse Tee: 27 l

1 Tafel Schokolade: 4000 l

1 Kilo Fleisch: 5990 l

1 T-Shirt: 2720 l

1 Ei = 200 l

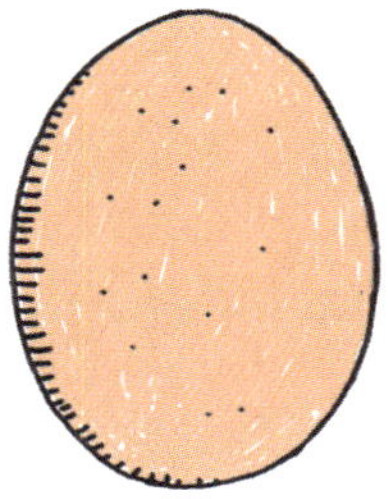

1 Kilo Fleisch: 4325 l

1 Kilo Käse: 3178 l

Ingenieur Arjen Hoekstra

Was ist blaues, grünes und graues Wasser?

Der Wasserfußabdruck besteht aus drei Sorten Wasser: grün (Regenwasser), blau (Flüsse und Grundwasser) und grau (Wasser, das vorher schon für etwas anderes genutzt wurde). Das Wasser hat nicht wirklich diese Farbe, aber es ist ein Code, den man benutzt, um über verschiedene Wasserquellen zu sprechen.

TESTE ES SELBST!

≈ Suche einmal heraus, welchen Wasserfußabdruck das hat, was du heute gegessen hast: https://waterfootprint.org/en/resources/interactive-tools/product-gallery
Die Website gibt es leider nur auf Englisch. Wenn nötig, bitte jemanden, dir zu helfen.

≈ Berechne deinen eigenen Wasserfußabdruck: https://wfd.de/wasserampel/

WIE KOMMEN DIE PFLANZEN AN DAS WASSER AUS DEM BODEN?

Tomaten brauchen sehr viel Wasser, Kakteen weniger, aber keine einzige Pflanze überlebt ohne Wasser. Der Boden ist wie ein nasses Handtuch, das du ausgewrungen hast: Es fühlt sich noch klamm an, aber das Wasser läuft nicht mehr aus dem Stoff. Es ist also noch Wasser drin, wir kommen nur nicht mehr so leicht dran. Aber eine Pflanze kann das! Mit ihren Wurzeln sucht sie manchmal mehrere Meter unter der Erdoberfläche nach Wasser. Außerdem sorgen die Wurzeln auch dafür, dass die Pflanze fest im Boden verankert ist und nicht umfällt.

Man könnte sich die Wurzeln und den Stängel einer Pflanze als eine Ansammlung winziger Trinkhalme vorstellen. Ein Ende der Halme steckt im Boden, wo das Wasser gespeichert ist. Am anderen Ende befinden sich die Blätter, die an den Halmen saugen.

Die Blätter sind dafür verantwortlich, dass es der Pflanze nicht zu warm wird. Du schwitzt, wenn dir zu heiß ist, und dann bekommst du Durst. Bei Pflanzen ist das ganz genauso. Über die Blätter verdunstet sehr viel Wasser. Das nennen wir Transpiration. Und der Effekt ist der gleiche wie beim Saugen an einem Trinkhalm: Das Wasser aus dem Boden wird über die Wurzeln und den Stängel aus dem Boden gesogen. Auf seinem Weg zu den Blättern nimmt das Wasser Nährstoffe für die Pflanze mit, wie Schiffe auf einem Fluss.

Gibt es auch Pflanzen ohne Wurzeln?

Manche Pflanzen können über die Saugschuppen auf ihren Blättern Wasser und Nährstoffe aus der Luft, dem Regen und dem Staub aufnehmen. Sie wachsen sehr langsam. Die meisten Luftpflanzen in den Gartencentern stammen aus Mittelamerika. Dort werden sie für die Zucht aus der freien Natur geholt, weshalb manche Arten in der Natur ausgesprochen selten geworden sind.

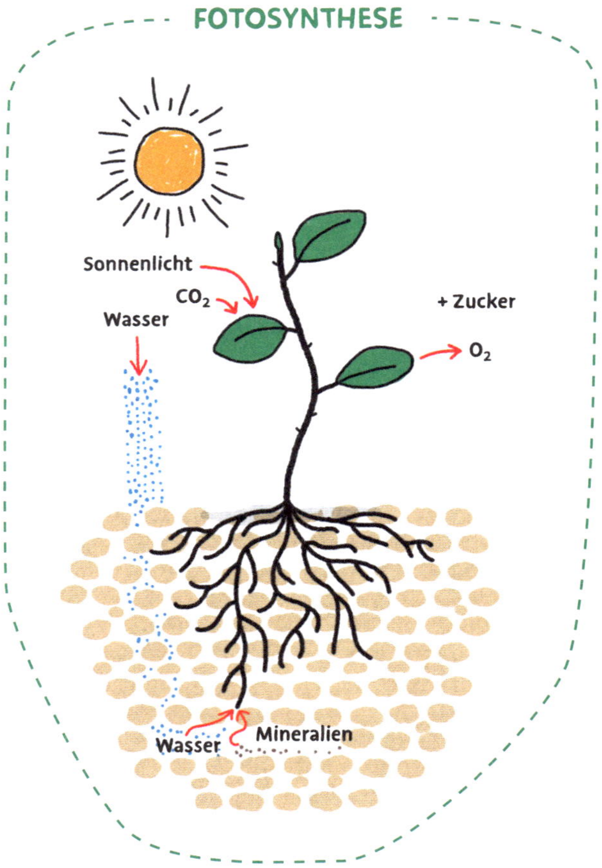

Wieso ist ein Baumstamm tagsüber dicker als nachts?

Pflanzen nehmen tagsüber Wasser auf, nachts jedoch nicht, weil sie Licht brauchen, um Wasser und Kohlendioxid in Nahrung umzuwandeln. Darum wird ein Baumstamm tagsüber dicker und nachts wieder dünner. Messen wir den Umfang eines Baumstamms, erfahren wir also etwas darüber, wann ein Baum Wasser aufnimmt und wie viel das ist. Wird der Stamm tagsüber nicht dick genug, wissen wir auch, dass wahrscheinlich nicht mehr genug Wasser im Boden ist!

TESTE ES SELBST!

Schneide einen Zweig von einem Baum, warte kurz und sieh dir nach einer Weile an, was auf der Schnittfläche zu sehen ist. Wenn du einen Zweig abschneidest, können die Blätter nicht mehr gut am Wasser im Zweig saugen, und es läuft als Tröpfchen aus der Schnittfläche.

In den Blättern sind ganz kleine Öffnungen, die Pflanzen öffnen und schließen können. Das sind die Stomata (Spaltöffnungen). Wenn es sehr trocken ist und der Boden nicht mehr genügend Wasser hat, schließen die Pflanzen diese Öffnungen, damit kein Wasser mehr über die Blätter verlorengehen kann.

Was haben Schimmelpilze mit Bäumen zu tun?

Pflanzen arbeiten mit Pilzen und Schimmelpilzen im Boden zusammen, damit sie leichter an Wasser und Nährstoffe kommen. So können sie sich gegenseitig helfen, auch wenn es trocken ist.

LEBEN IM REGENWALD

Der tropische Regenwald hat seinen Namen nicht umsonst. Er ist ein Wald, in dem das ganze Jahr hindurch viel Regen fällt. Es regnet dort zwei- bis dreimal so viel wie bei uns, und die Trockenzeit dauert nicht länger als zwei Monate.

Im Regenwald gibt es eine ungeheure Vielfalt an Tieren und Pflanzen, und die meisten sind noch gar nicht entdeckt. Weil Wasser in Hülle und Fülle zur Verfügung steht und die Temperaturen angenehm sind, finden viele Tiere genau den für sie geeigneten Platz im »Regenwaldgebäude«.

Dieses Gebäude besteht aus mehreren Stockwerken. Im Schatten von Sträuchern wachsen viele kleine Pflanzen, aber so mancher Baum ist wirklich riesig.

Das dichte Blattwerk lässt nur wenig Licht und Regen durch. Kleinere Pflanzen müssen daher ein wenig tricksen, um an Wasser oder Licht zu kommen. Manche, wie die Lianen, winden sich an Baumstämmen nach oben. Andere nutzen spezielle Wurzeln, mit denen sie sich die Feuchtigkeit nicht aus dem Boden angeln, sondern aus der Luft, wie die Orchideen. Die findet man hier in allerlei prachtvollen Farben und Formen. Bromelien haben noch eine andere Methode entdeckt: Sie nutzen ihre Blätter als Schalen, in denen sie das Regenwasser auffangen und speichern können, bis sie es brauchen. Eine clevere Erfindung der Natur!

Wie alt sind die ältesten Baumarten im Regenwald?
Manche Baumarten sind über 100 Millionen Jahre alt. Sie waren also schon da, als die Dinosaurier noch auf der Erde lebten.

Wo findest du den größten Regenwald unseres Planeten?
Der liegt in Südamerika: der Amazonaswald. Aber auch Südostasien und Westafrika haben Regenwälder. Der Amazonaswald erstreckt sich über Brasilien, Kolumbien, Venezuela, Bolivien, Guayana, Suriname, Ecuador, Peru und Französisch-Guayana. Er ist fast hundertmal größer als Belgien und die Niederlande zusammen.

Amazonas

Was ist am Amazonas so besonders?
Der Amazonas weist die größte biologische Vielfalt (Biodiversität) aller Flüsse dieser Welt auf. In diesem Fluss lebt die höchste Anzahl unterschiedlicher Süßwasserfische. Während der Regenzeit ist der Amazonas an manchen Stellen bis zu vierzig Kilometer breit! Das ist breiter als der Ärmelkanal, die Meerenge zwischen England und Frankreich.

Lianen
Bromelie
Orchidee
Wasserlilie

ÜBERRASCHUNG DER WÜSTE: OASEN

Stell dir mal vor, du bist mitten in der Wüste. Die Sonne steht hoch am Himmel, und es herrscht eine sengende Hitze. Um dich herum ist nichts als Sand, Sand und noch mal Sand. Aber plötzlich siehst du etwas. Dattelpalmen und grüne Sträucher. Einige Hütten. Ein Zeichen von Leben. Das ist eine Oase!

Eine Oase ist ein Stück Land, auf dem Pflanzen inmitten eines sehr trockenen Gebiets wachsen, weil es dort Süßwasser gibt. Manchmal ist das eine natürliche Quelle. Aber es gibt auch eine Menge Oasen, in denen der Mensch der Natur ein wenig nachgeholfen hat, indem er Wasser über unterirdische Kanäle zu einer Oase geführt oder Wasser hochgepumpt hat. Ein berühmtes Beispiel dieser unterirdischen Kanäle sind die Kanate im Nahen Osten.

Oasen sind schon seit vielen Jahrhunderten wichtig für die Menschheit. Wer durch die Wüste zog, etwa um Handelsware in Städten auf der anderen Seite der Wüste zu verkaufen, konnte sich dort ausruhen. Schon seit Jahrhunderten pflanzten die Menschen kräftige Dattelpalmen an, um ihre Oasen vor Wind und Sand zu schützen.

Wie funktioniert so ein Kanat eigentlich?

Kanate sind unterirdische Kanäle, die Wasser von Gebirgsquellen in tiefer gelegene trockene Ebenen bringen. Diese Technik wird schon seit Hunderten von Jahren genutzt. Vom Tal aus wurde ein kilometerlanger Tunnel zur Quelle gegraben. Unterwegs wurden auch vertikale Zugangsschächte angelegt, um den Tunnel mit Frischluft zu versorgen. Später, wenn der Kanat in Betrieb war, waren die Schächte auch hilfreich, um ihn sauber zu halten. Diese alten Kanate werden auch heute noch genutzt, um das Wasser mit Hilfe der Schwerkraft genau dorthin zu bringen, wo es gebraucht wird.

Wie überlebt ein Kamel in der Wüste?

Du glaubst vielleicht, die Höcker der Kamele wären ihre Wasserspeicher? Nein, das ist nicht richtig, denn die Höcker enthalten vor allem viel Fett als Reserve für den Fall, dass ein Kamel über lange Zeit nichts zu fressen findet! Das kann in der Wüste durchaus passieren. Aber wie kommt es dann, dass Kamele so lange ohne Wasser überleben können? Das liegt an ihren Nieren, die Organe, die Urin erzeugen, indem sie die Nährstoffe von den Abfallstoffen trennen. Nährstoffe werden aufgenommen und Abfallstoffe ausgeschieden. Die Nieren eines Kamels brauchen kaum Flüssigkeit, und das Ergebnis ist kein Urin wie beim Menschen, sondern eine Art dicker Sirup.

Woher stammt das Wasser in der Oase?

Obwohl es in der Wüste sehr trocken ist und man kaum Wasser findet, gibt es doch einige Stellen, an denen das Wasser von ganz allein aus dem Boden kommt. Solche Orte nennen wir natürliche Wasserquellen.

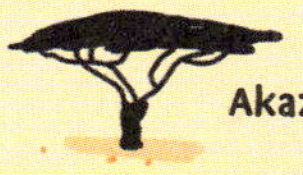

Was ist eine Fata Morgana?

Eine Fata Morgana ist eine Luftspiegelung. Treffen verschiedene Luftschichten mit stark unterschiedlicher Temperatur aufeinander, kann sich die Luft wie ein Spiegel verhalten. Dann glaubt man zum Beispiel, am Horizont würde sich ein Schiff spiegeln. Aber wir verwenden das Wort Fata Morgana auch, um anzudeuten, dass wir eine Illusion sehen, etwas, das nicht echt ist. In Comics oder Zeichentrickfilmen wird eine Fata Morgana oft als eine Oase mit jeder Menge zu essen und zu trinken dargestellt.

Welche weltberühmte Stadt ist in einer Oase entstanden?

Die beliebte Casinostadt Las Vegas in den Vereinigten Staaten von Amerika liegt direkt auf einer natürlichen Oase in der Mojave-Wüste. Im Spanischen bedeutet Las Vegas »Die Auen«, also die Wiesen. Diesen Namen gaben mexikanische Händler dem Ort, als sie ihn 1829 entdeckten.

TIGERBUSCH

An Orten mit wenig Regen, wie in der Sahelzone in Afrika oder auf der Halbinsel Niederkalifornien (spanisch Baja California) im Westen Mexikos, kannst du einen ganz besonderen Busch finden: den Tigerbusch. Auf einen kahlen Boden ohne Pflanzen folgen dort Streifen mit Gehölzen, Sträuchern oder Gras, die ungefähr parallel zu den Höhenlinien verlaufen. Das sind Linien auf einer Landkarte, die auf gleicher Höhe liegende Orte miteinander verbinden. Könntest du in einem Gebirge einer Höhenlinie folgen, müsstest du also nie bergauf oder bergab laufen.

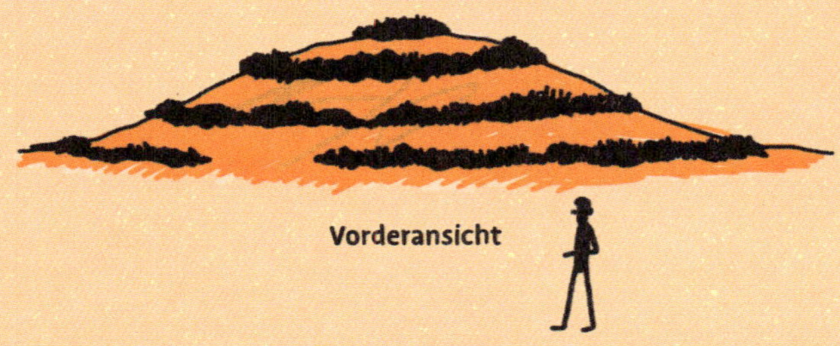

Vorderansicht

Draufsicht

Aber weißt du, warum dieser Busch in Linien wie das Fell eines Tigers wächst und nicht einfach überall oder zufällig angeordnet? Und wie kann es sein, dass Bäume und Sträucher im Tigerbusch in solch trockenen Gebieten überleben können? Viele dieser Bäume und Sträucher stehen normalerweise nämlich nur an Orten mit mehr Regen ...

Die Wurzel schiebt Bodenteilchen zur Seite und bahnt sich einen Weg nach unten. So entstehen Gänge, und der Boden wird lockerer.

Regnet es wenig oder gar nicht, müssen die Pflanzen zusehen, wie sie anderswo an Wasser kommen. Ihre Wurzeln müssen tief und in der Breite im Boden nach Wasser suchen. Aber wenn eine Pflanze auf diese Weise überlebt, verbessern ihre Wurzeln und ihre fallenden Blätter den Erdboden. Es entstehen mehr Hohlräume und schmale Gänge, in die das Wasser fließen und gespeichert werden kann, wenn es denn doch einmal regnen sollte. Das wiederum führt dazu, dass die Pflanze an dieser Stelle besser wächst.

Die oberste Bodenschicht ist trocken und hart, wenn es wenig regnet. Sie stößt das erste Regenwasser sogar ein wenig ab. Das Wasser, das nicht sofort in den Boden eindringen kann, strömt dann über den Boden. Wo Pflanzen wachsen, hat der Boden mehr Hohlräume und Gänge, das heißt, dort kann er kann das wegfließende Wasser besser auffangen. Den Pflanzen, die dort wachsen, tut das sehr gut. Sie fangen nicht nur den Regen auf, der auf ihr eigenes kleines Stück Boden fällt, sondern auch das Wasser, das von höher gelegenen trockenen Gebieten abfließt.

Schaust du aus der Luft auf ein Tigerbuschgebiet, ist es, als würdest du das prachtvolle Fell eines Tigers sehen: Streifen dunkler Sträucher auf trockenem orangegelben Boden.

TESTE ES SELBST!

≈ Nimm dir ein wenig knochentrockene Blumenerde und verteile sie auf zwei Schälchen.
≈ Mische in einer der beiden Schalen ein wenig Wasser unter die Erde, doch nicht zu viel, damit das Wasser nicht über den Schalenrand schwappt.
≈ Drücke dann die Blumenerde in beiden Schälchen ein wenig an.
≈ Lass danach ein paar Tropfen Wasser auf die Erde in beiden Schalen fallen. Was passiert?

Lösung: Bei der trockenen Blumenerde dringt das Wasser nicht sofort in den Boden ein, sondern bleibt obenauf liegen. In der feuchten Blumenerde versickert es sofort.

Leben im Tigerbusch auch Tiger?

Der Tigerbusch ist wichtig für Pflanzenfresser wie Giraffen. Diese Tiere leben von den Blättern der Sträucher. Tiger wirst du dort höchstwahrscheinlich nicht antreffen.

Wie alt ist Tigerbusch?

Tigerbusch scheint etwas zu sein, das immer schon da war. Doch eine kleine Veränderung in der Niederschlagsmenge kann dazu führen, dass einzelne Strauchgruppen entstehen oder ein normaler Wald, und das in weniger als zehn Jahren! Das liegt daran, dass diese kleinen Veränderungen plötzlich dafür sorgen können, dass kaum noch Wasser abfließt und daher auch nichts zu gewinnen ist, wenn Pflanzen versuchen, es entlang der Höhenlinien aufzufangen. Oder umgekehrt: Fällt auch nur ein klein wenig mehr Regen, gibt es auf einmal überall ausreichend Wasser für die Pflanzen. Damit haben sie keinen Grund mehr, sich in Streifen anzusammeln.

FLÜSSE UND ÜBERSCHWEMMUNGEN

Wasser läuft über kleine, plätschernde Bäche und große, breite Flüsse zum Meer. Aber woher kommt das ganze Wasser in diesen Wasserläufen? Was meinst du?

Ein Teil davon ist Regen, der auf das Land gefallen ist. Die Regentropfen fließen dann über die Felder und Straßen. Das Wasser läuft von oben nach unten, bis es in einem Bach oder Fluss landet. Auch Schmelzwasser von Schnee und Gletschern findet seinen Weg in die Flüsse.

Ein großer Teil der Wassermenge in den Flüssen ist aber auch Grundwasser. Das klingt seltsam, denn Grundwasser befindet sich doch unter dem Boden? Das stimmt, doch auch das unterirdische Wasser steht nicht still. Es fließt träge in Richtung Bäche, Flüsse und Meere. Auch das gereinigte Abwasser landet in den Flüssen.

Manchmal regnet es so viel, dass das Wasser in den Flüssen rasend schnell steigt. Der Fluss tritt über die Ufer! Warum? Nun, die Menschen begradigen Flüsse gern, um das Land bis an die Flussufer nutzen zu können. Sie wollen Häuser daraufstellen oder Pflanzen anbauen. Dabei käme es viel weniger schnell zu Überschwemmungen, wenn die Flüsse einfach ihrem natürlichen Schlängellauf folgen dürften.

Bei Hochwasser können Felder, Straßen und Häuser überschwemmt werden. Das hast du bestimmt schon einmal im Fernsehen gesehen! Bei extremen Überflutungen werden sogar Menschen mitgerissen, oder sie warten auf den Dächern ihrer Häuser auf Hilfe wie zum Beispiel 2021 im Ahrtal in Deutschland.

Was macht ein Deich?

Die meisten Überflutungen in den Niederlanden und in Deutschland wurden früher durch die Nordsee verursacht. Deswegen baute man Deiche, die das Land vor dem Meer schützen sollen. Deiche können jedoch auch brechen, wenn der Wasserdruck zu hoch wird. Dann strömt das Wasser in das tiefer liegende Land. Nach großen Sturmfluten in den 50er und 60er Jahren wurde die notwendige Höhe für alle Deiche geändert. Seitdem gab es vor allem Überschwemmungen in Flusslandschaften, aber keine mehr, die von der Nordsee verursacht wurden.

Welcher Fluss ist der längste der Welt?

Der längste Fluss der Welt ist der Nil, der durch Afrika fließt. Dieser Fluss ist ungefähr 6650 Kilometer lang, rund vierzigmal die Entfernung (Luftlinie) zwischen Frankfurt und Bamberg. Der Nil sammelt Wasser und transportiert es in elf verschiedene Länder.

Gibt es auch unterirdisch richtige Flüsse?

Ja, es gibt auch echte Flüsse, die unsichtbar unter der Erde verlaufen – also kein Grundwasser, das immer in Hohlräumen und Rissen im Gestein fließt, sondern richtige Flüsse in unterirdischen Gängen. In sogenannten Karstlandschaften, die auf einem Untergrund aus Kalkstein entstehen, sind eine Menge Löcher im Boden. Kalkstein löst sich leicht in Wasser, das dann in den Boden sickert. In solchen Karstlandschaften entstehen daher manchmal unterirdische Flüsse, weil sie irgendwo in einem Loch verschwinden. Den längsten unterirdischen Fluss bildet das Flusssystem Sac Actun auf der Yucatán-Halbinsel in Mexiko.

WELLEN UND TSUNAMIS

Im Meer auf den Wellen reiten – im Sommer gibt es kaum etwas Schöneres! Diese Wellen entstehen unter anderem, wenn es auf dem Meer kräftig weht. Der Wind treibt die oberste Wasserschicht hoch, und die Welle wird immer höher. Bei schweren Stürmen können sich die Wellen sehr hoch auftürmen.

Solche hohen Wellen können auch auf eine andere Weise entstehen, und dann nennt man sie Tsunamis. Sie sind die Folge von Erdbeben oder Vulkanausbrüchen im Meer. Bebt die Erde dort, kann das eine gewaltige Welle auslösen. Das Wort »Tsunami« besteht aus zwei japanischen Wörtern: tsu (»Hafen«) und nami (»Welle«), eine »Hafenwelle« also. Dabei bewegt sich eine Welle wie eine Wand aus Wasser auf das Land zu. Wenn sie auf die Küste trifft, kann sie haushoch sein oder noch höher, wie ein mehrstöckiges Haus! Ein Tsunami hat eine ungeheure Kraft und vernichtet alles, was auf seinem Weg liegt. Er kann manchmal schneller sein, als ein Verkehrsflugzeug fliegt.

Wenn ein Tsunami auf dich zurollt, kannst du nur noch versuchen, so schnell wie möglich höher gelegene Orte aufzusuchen, weg von der Küste. Damit sich die Menschen rechtzeitig in Sicherheit bringen können, verfügen etliche Länder über ein Tsunami-Frühwarnsystem. Bei einem Meeresbeben wird ein Alarm ausgelöst, und dann wissen die Leute, dass sie sich sehr schnell an sichere Orte begeben müssen.

Warum ist die Nordsee bei Belgien und den Niederlanden braun?

Das Wasser der Nordsee ist braun, weil viele kleine Teilchen wie Sand, Lehm, Algen und Bakterien darin schweben. Im Küstenwasser sind 10 bis 300 Milligramm dieser Teilchen in einem Liter Wasser gelöst, manchmal sogar noch mehr, wenn hohe Wellen bei einem Sturm den Schlick aufwühlen. Die Schlickteile stammen von der französischen und der belgischen Küste und aus Flüssen wie der Schelde, der Maas und dem Rhein. Im Küstenwasser verteilen sich die Schlickteilchen weiter. Bei ruhigem Wetter sinken sie zu Boden, aber aufgrund der starken Strömung bei Ebbe und Flut und der Nordseewellen werden sie wieder aufgewirbelt.

Durch den Wind entstehen Wellen.

Ein Erdbeben auf dem Meeresboden oder ein unterirdischer Vulkanausbruch kann einen Tsunami auslösen.

Wie entstehen die Wellen in einem Schwimmbad?

Auch in Erlebnisbädern gibt es manchmal Wellen im Schwimmbecken. Diese Wellen entstehen nicht durch Wind. Sie werden von großen Ventilatoren ausgelöst, die rund um das Becken eingebaut sind. Sie sorgen dafür, dass die Luft Wellen ins Wasser treibt. Über Klappen können verschiedene Wellenarten gewählt werden.

Warum haben Meereswellen manchmal Schaumkronen?

Im Meer leben Algen. Das sind sehr kleine Meerespflanzen. Wenn die Algen absterben, bleibt ein klebriges Zeug im Meer zurück. Die Bewegung der Wellen macht daraus Schaum. Die Wellen und die Strömung bringen diesen Schaum dann an Land.

Wo treten Tsunamis auf?

Nicht überall auf der Welt gibt es gleich viele Tsunamis. In manchen Gebieten ist die Wahrscheinlichkeit eines Erdbebens unter dem Meeresboden höher als in anderen. Deswegen treten Tsunamis vor allem im Gebiet rund um den Pazifischen Ozean auf.

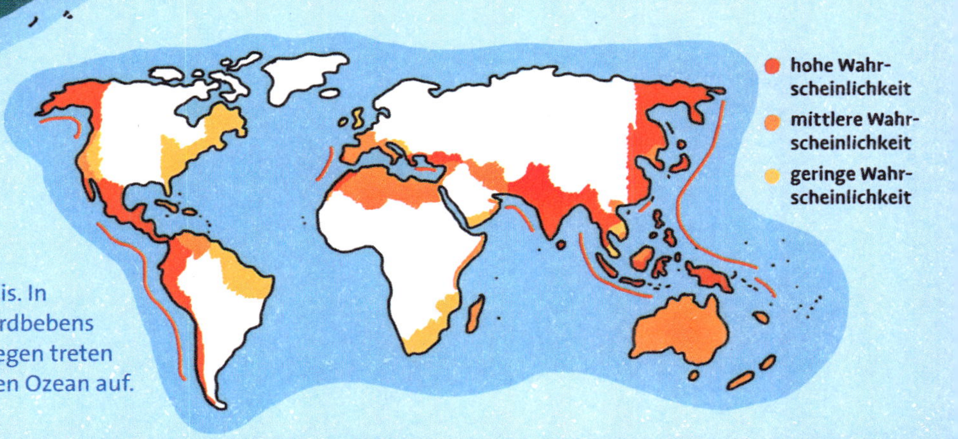

STAUDÄMME UND STAUSEEN

In manchen Flüssen steht ein Staudamm. Das ist so etwas wie eine Mauer, die das Wasser zurückhält. Hinter dieser Staumauer entsteht dann ein See, den wir Stausee nennen. Das Wasser aus einem solchen See kann als Leitungswasser oder zur Bewässerung von Pflanzen dienen.

Mit Hilfe eines Staudamms kann auch Elektrizität erzeugt werden. Das Wasser strömt vom höher gelegenen Stausee über eine Art Rad in den tiefer gelegenen Fluss und bringt das Rad dabei zum Drehen. Aus der drehenden Kraft, die das Wasser an das Rad weiterleitet, kann man Elektrizität machen. Energie aus Wasser heißt Wasserkraft.

Staudämme haben auch Nachteile. Das Land, das an der Oberseite der Staumauer liegt, wird unter Wasser gesetzt. Dadurch verschwinden Felder und manchmal sogar ganze Dörfer. Der Fluss unter dem Staudamm bekommt weniger Wasser als zuvor. Für die Menschen, die das Wasser in den Flüssen nutzen, und für die Tiere, die im Wasser leben, kann das große Probleme mit sich bringen. Darum gibt es häufig großen Protest, wenn wieder einmal eine Staumauer gebaut werden soll.

Manchmal kommt es auch zu schrecklichen Unfällen durch Staudämme. Befindet sich zu viel Wasser hinter der Staumauer, kann diese brechen. Dann strömt das Wasser mit großer Kraft in die Tiefe und kann ganze Dörfer vernichten. Zur größten Katastrophe mit einem Staudamm kam es 1975 in China. Damals starben 26 000 Menschen, nachdem der Banqiao-Staudamm gebrochen war.

Welche Staudämme sind weltberühmt?

Der mit 27 Kilometern längste Staudamm der Welt ist der Hirakud-Staudamm in Indien. Weltweit gibt es eine Menge berühmter Staumauern, wie den Hoover-Staudamm in den Vereinigten Staaten, die Assuan-Staumauer in Ägypten oder den Atatürk-Staudamm in der Türkei. Die Wasserkraftanlage mit dem Drei-Schluchten-Staudamm in China erzeugt die meiste Elektrizität.

Hoover-Staudamm

Atatürk-Staudamm

Banqiao-Staudamm

Bauen nur Menschen Staudämme?

In der Natur kannst du noch andere Staudämme finden. Biber sind nämlich auch sehr erfahrene Baumeister. Aus Ästen, Steinen und Schlamm errichten sie einen Staudamm im Wasser, um sich vor Raubtieren wie Wölfen und Bären zu schützen. Durch den Staudamm steigt das Wasser im Fluss hoch genug, so dass der Eingang zu ihrer Burg unter Wasser liegt und die Raubtiere nicht dorthin gelangen können.

Was ist ein Stauwehr?

Ein Stauwehr ist ein Absperrbauwerk, das zwei Gebiete voneinander trennt und dafür sorgt, dass das tiefer gelegene Land bei hohen Wasserständen nicht überschwemmt wird. Es gibt Spezialstauwehre, die mit dem Wasser steigen und damit sogar bei extrem hohen Wasserständen das dahinter liegende Land schützen können. Rund um den Hafen des alten Fischerdorfs Spakenburg in den Niederlanden liegt ein solches flexibles Stauwehr, das gut 330 Meter lang ist. Die Idee zum flexiblen Wehr stammt von dem niederländischen Künstler und Erfinder Johann van den Noort. Er hat dieses System erfunden, damit sein Dorf Kampen bei einer Überflutung nicht überschwemmt wird. Das flexible Stauwehr findet mittlerweile weltweit Anwendung.

Johann van den Noort
Stauwehr-Designer

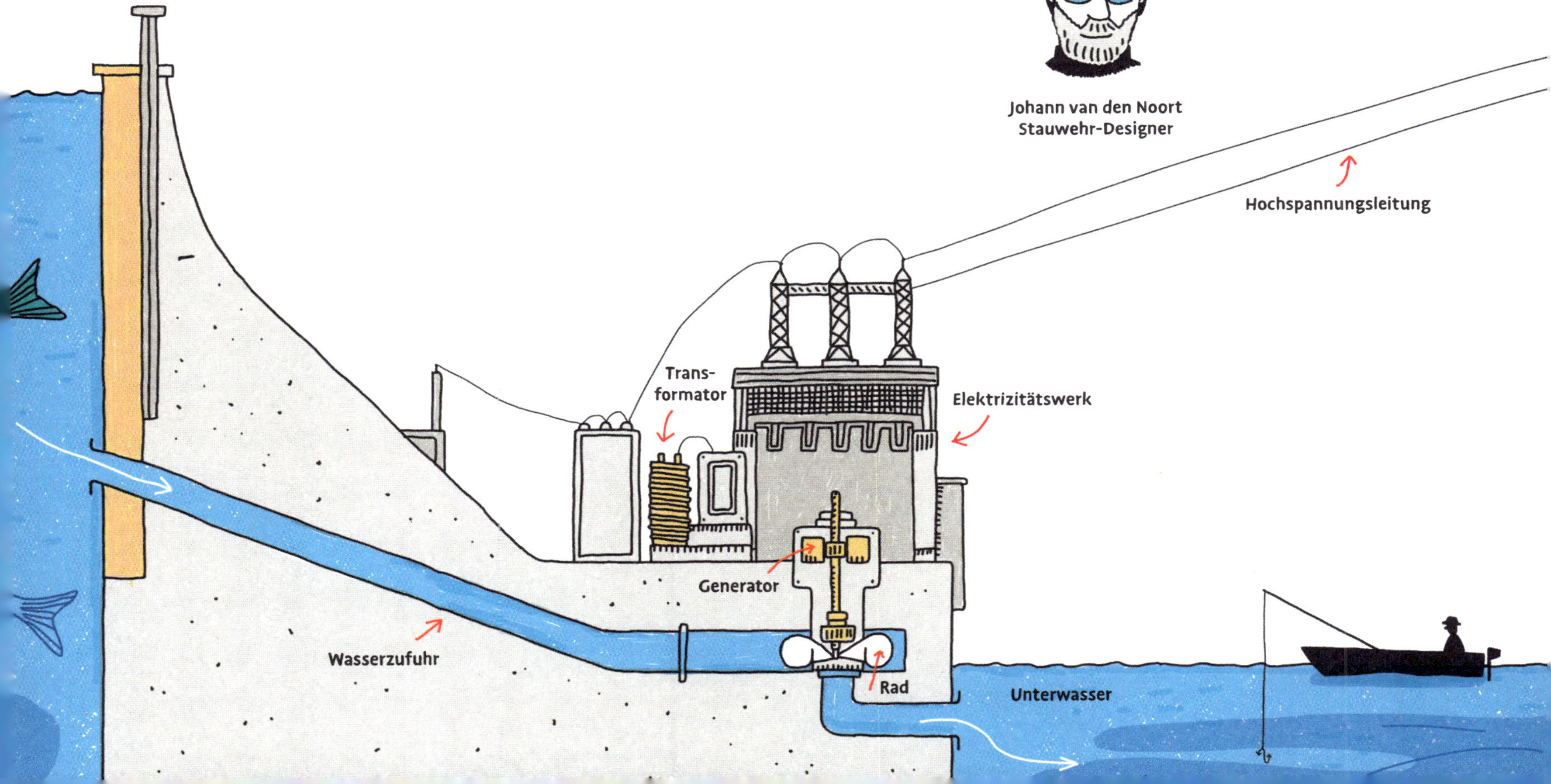

DIE ZUKUNFT DES WASSERS IN DER WELT

Das Klima verändert sich. Weil die Menschen zu viel Steinkohle, Öl und Gas verbrennen, gelangen zu viele Treibhausgase in die Luft, und auf der Erde wird es wärmer. Diese Wärme lässt viel Eis und Schnee schmelzen. Das Schmelzwasser läuft zum Meer, und der Meeresspiegel steigt. Wenn wir nichts unternehmen, werden viele Orte, an denen heute Menschen leben und arbeiten, vom Meer eingenommen. Das ist eine große Herausforderung, zum Beispiel in Ländern, in denen die Deiche schon jetzt vor dem Meer schützen müssen.

Der Klimawandel hat auch Folgen für das Wasser auf dem Land. An manchen Orten wird es nasser und an anderen trockener. Manchmal sind das die guten Nachrichten. So gibt es zum Beispiel Wüsten, in denen es durch den Klimawandel nasser wird.

Für die meisten Orte auf dieser Erde hat der Klimawandel jedoch eher schlechte Folgen. Oft werden nasse Gebiete nasser, und es gibt noch mehr Überflutungen, und trockene Gebiete werden trockener, so dass noch weniger Wasser für den Anbau von Nahrungsmitteln zur Verfügung steht.

In manchen Ländern wird es sowohl nasser als auch trockener: in manchen Monaten nasser, in anderen trockener, je nach Jahreszeit. Das bedeutet, dass es in Ländern, in denen mehr Klimaextreme erwartet werden, wie auch bei uns, sowohl zu häufigeren Überschwemmungen als auch zu längeren Trockenperioden kommen wird.

Nicht nur das Klima bestimmt, wie viel Wasser wir in Zukunft haben werden. An vielen Orten weltweit verursacht der Mensch selbst den Wassermangel. So wird beispielsweise in China, Indien und in den Vereinigten Staaten an verschiedenen Orten viel mehr Grundwasser hochgepumpt, als die Natur wieder auffüllen kann. Dort sinken die Wasservorräte sehr schnell. Innerhalb weniger Jahre kann das Grundwasser in diesen Gebieten aufgebraucht sein. Und dann wird es nicht mehr genügend Wasser für die Nahrungsproduktion geben.

Warum ist schmutziges Grundwasser ein großes Problem?
Da sich Grundwasser nur langsam durch den Untergrund bewegt, bleibt die menschengemachte Verschmutzung noch lange erhalten. Sie stammt zum Beispiel von der Landwirtschaft oder von Fabriken. Mit der heutigen Technologie gelingt es uns in den meisten Fällen nicht, verschmutztes Grundwasser wieder vollständig zu reinigen, weswegen es noch viele Generationen lang verunreinigt bleibt. Daher ist es sehr wichtig, dafür zu sorgen, dass wir nicht noch mehr Grundwasser verschmutzen und unser Abwasser gut reinigen, bevor es wieder der Natur zugeführt wird.

Warum müssen wir uns um schmelzende Gletscher Sorgen machen?

Gebirgsregionen wie der Himalaja und die Anden speichern momentan viel Wasser in Gletschern und Schnee. Ihr Schmelzwasser füllt die Flüsse, und diese versorgen die Menschen mit Wasser. Die Gletscher schmelzen mittlerweile jedoch in hohem Tempo. Wenn sie verschwinden, werden die Menschen nicht mehr dieselbe Wassermenge aus den Flüssen entnehmen können wie zuvor.

Wie versuchen wir, das Klima vorherzusagen?

Wenn es um den Klimawandel geht, wollen wir eigentlich das Wetter der nächsten hundert Jahre an einem bestimmten Ort vorhersagen. Das ist aber nicht so einfach, denn die Wettermänner und Wetterfrauen – die Meteorologen – liegen leider oft daneben. Wir haben unterschiedliche Methoden zur Berechnung des zukünftigen Wetters entwickelt. Nach dem Motto »Gemeinsam sind wir stärker« kombinieren wir all diese Rechenmodelle, um das Klima vorherzusagen. So können wir sehen, wo sich alle Berechnungen einig sind, aber auch, wo sie zu unterschiedlichen Schlussfolgerungen kommen. Damit bestimmen wir die Unsicherheit unserer Vorhersagen. Obwohl der Umfang des Klimawandels nicht immer gleich sicher ist, steht fest, dass der Mensch einen bislang beispiellosen Klimawandel verursacht.

WIE KANNST DU SELBST WASSER SPAREN?

Stell dich nur kurz unter die Dusche, statt dich in die Badewanne zu legen – oder bade zu zweit.

Sorge dafür, dass deine Füße sauber sind, bevor du im Freibad ins Wasser gehst.

Benutze das Bade- oder Duschwasser, um die Toilette damit zu spülen. Das geht ganz einfach mit einem Eimer.

Kaufe statt neuer Kleidung auch einmal Secondhand-Stücke.

Willst du die Pflanzen im Garten gießen? Nimm eine Gießkanne und lass den Gartenschlauch liegen. So kannst du viel gezielter wässern.

Wenn es ein Weilchen dauert, bis das Wasser warm wird, fange das kalte Wasser auf und benutze es für deine Zimmerpflanzen.

Für die Produktion von Fleisch braucht man sehr viel Wasser. Vielleicht kannst du öfter mal vegetarisch essen?

Sag Bescheid, wenn Wasserhähne oder Wasserleitungen tropfen, damit sie sofort repariert werden.

Fange das Wasser vom Gemüseputzen oder von sonstigem in der Küche benutztem Wasser auf und gieße den Garten damit.

Fange das Regenwasser auf und verwende es für die Toilette, die Waschmaschine und den Garten. Du darfst es jedoch nicht trinken!

Es ist nicht nötig, das Gras zu wässern, wenn es trocken ist. Lass es ruhig mal gelb oder braun sein. Sobald es regnet, wird es schnell wieder grün.

Auch Geräte helfen beim Wassersparen: Sparduschköpfe, wassersparende Wasserhähne, sparsame Waschmaschine und so weiter.

Benutze so oft wie möglich die Spartaste der Toilette.

Benutze nur ein Wasserglas am Tag, dann hast du weniger zu spülen.

Stelle den Wasserhahn ab, während du dir die Zähne putzt.

JETZT BIST DU AN DER REIHE!

Teile die Tipps mit deinen Freunden. Je mehr Leute mitmachen, desto mehr können wir Wasser sparen und die Umwelt schützen!

WÖRTERLISTE

Ablagern = S. 15
Bezeichnet den Übergang von Wasserdampf in festes Wasser (Eis).

Bewässerung = S. 38
Wenn das Land trocken ist, müssen Landwirte ihre Felder selbst bewässern. Dafür gibt es verschiedene Möglichkeiten: Man kann ein Feld überschwemmen lassen, man kann es mit Sprinklern beregnen oder es mit Tropfschläuchen wässern.

Erstarren = S. 15
Der Übergang von flüssigem Wasser in festes Wasser (Eis).

Fata Morgana = S. 47
Bei verschiedenen Luftschichten stark unterschiedlicher Temperatur kann sich die Luft wie ein Spiegel verhalten. Meistens wird die Luft selbst widergespiegelt, wodurch es scheint, als wäre in der Ferne eine Wasserlache. Das ist dann der sich spiegelnde Himmel.

Fotosynthese = S. 42
Der Prozess, bei dem Pflanzen Wasser (H_2O) und Kohlendioxid (CO_2) unter Einfluss von Sonnenlicht in Sauerstoff (O_2) und Nahrung (Zucker) umwandeln.

Geologie = S. 22
Die Wissenschaft, die sich mit der Erde beschäftigt.

Gezeiten = S. 13
Manchmal kommt das Meer auf dem Strand näher und weicht später wieder weiter zurück. Das sind die Gezeiten. Meere und Ozeane bewegen sich, weil sie vom Mond angezogen werden, der sich jeden Tag um die Erde dreht. Der Zeitraum, in dem das Wasser steigt, heißt Flut oder Hochwasser, der des Absinkens heißt Ebbe oder Niedrigwasser. Auch die Sonne zieht ein wenig am Wasser auf der Erde. Ziehen Sonne und Mond in dieselbe Richtung, sprechen wir von einer Springflut. Dann kann das Wasser sehr hoch ansteigen.

Gletscher = S. 57
Bleibt eine dicke Schneeschicht auf dem Land liegen, kann sich dieser Schnee in Eis verwandeln. Eine solche Eismasse auf dem Land nennen wir Gletscher.

Infiltration = S. 16, 17
Den Prozess, bei dem Regenwasser in den Boden eindringt, nennen wir Infiltration.

Klimawandel = S. 56
Das Klima kann sich verändern. Dieser Klimawandel kann durch die Natur selbst oder durch den Menschen verursacht werden. Der Mensch verändert das Klima durch die Verbrennung von Öl oder Gas. Dadurch gelangt zusätzliches Kohlendioxid in die Luft, und das führt zu einer Kettenreaktion, in deren Folge sich die Erde erwärmt.

Kohlendioxid = S. 42
Kohlendioxid oder Kohlensäure (CO_2) ist ein Gas in der Luft, die wir einatmen. Der Mensch atmet auch Kohlendioxid aus. Dieses Gas ist auch für die Bläschen im sprudelnden Mineralwasser verantwortlich. Bei der Verbrennung von Gas oder Öl gelangt zusätzlich Kohlendioxid in die Luft. Das führt zum Klimawandel.

Kondensieren = S. 15
Der Übergang von Wasserdampf in flüssiges Wasser.

Luftdruck = S. 14
Der Luftdruck gibt an, mit wie viel Kraft die Luft auf uns und auf alles in unserer Umgebung drückt. Diese Kraft wird immer kleiner, je höher du steigst.

Regenschatten = S. 25
Ein Regenschatten ist ein Phänomen, das häufig in gebirgigem Gelände auftritt. Feuchte Luft wird gezwungen, auf der Luvseite eines Berges aufzusteigen, und regnet ganz oder teilweise ab. Die Luvseite ist die Seite des Berges, gegen die der Wind bläst. An der Leeseite bleibt der Berg trocken; er liegt dann im Regenschatten.

Schmelzen = S. 15
Der Übergang von festem Wasser (Eis) in flüssiges Wasser.

Stausee = S. 54
In manchen Flüssen steht ein Staudamm. Das ist so etwas wie eine Mauer, die das Wasser zurückhält. Hinter dieser Staumauer entsteht dann ein See, den wir Stausee nennen.

Sublimieren = S. 14, 15
Der Übergang von festem Wasser (Eis) in Wasserdampf.

Transpiration = S. 16, 17
Das Wasser, das Pflanzen mit ihren Wurzeln aus dem Boden ziehen, gelangt über ihre Blätter wieder in die Luft. Das nennen wir Transpiration.

Verdampfen = S. 15
Der Übergang von flüssigem Wasser in Wasserdampf.

Virtuelles Wasser = S. 40, 41
Alles Wasser, das zur Herstellung eines Produktes und zum Ausgleich der dadurch entstandenen Verschmutzung entsteht, nennen wir virtuelles Wasser.

Wasserbecken = S. 36
Ein Wasserbecken ist ein Ort, in dem Wasser aufbewahrt werden kann. In einem Klärwerk gibt es Spezialwasserbecken, in denen kleine Tiere oder Mikroorganismen Zeit bekommen, den Schmutz im Wasser aufzufressen.

Wasserfußabdruck = S. 41
Der Wasserfußabdruck eines Produkts ist die Summe allen Wassers, das zu seiner Herstellung gebraucht wird. Dabei geht es nicht nur um das Wasser, das verbraucht wird, sondern auch um das Wasser, das bei der Herstellung eines Produkts verunreinigt wird.

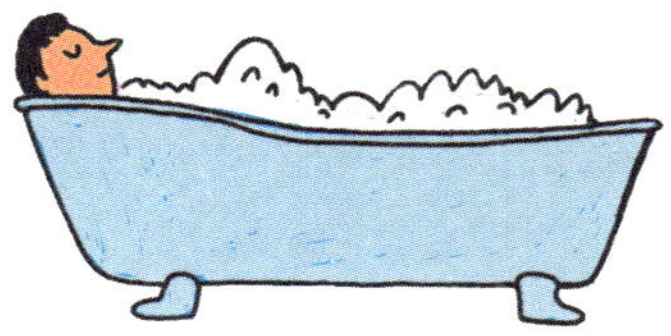

Nederlands
letterenfonds
dutch foundation
for literature

Dieses Buch wurde ermöglicht durch die finanzielle Unterstützung der Niederländischen Stiftung für Literatur (www.letterfonds.nl).

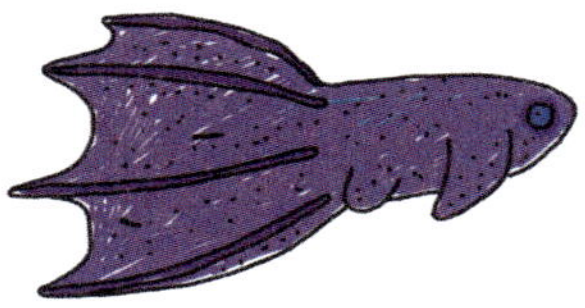

Weitere Informationen zum Kinder- und Jugendbuchprogramm der S. Fischer Verlage finden Sie unter www.fischerverlage.de

Aus Verantwortung für die Umwelt hat sich der Fischer Kinder- und Jugendbuch Verlag zu einer nachhaltigen Buchproduktion verpflichtet. Der bewusste Umgang mit unseren Ressourcen, der Schutz unseres Klimas und der Natur gehören zu unseren obersten Unternehmenszielen.
Gemeinsam mit unseren Partnern und Lieferanten setzen wir uns für eine klimaneutrale Buchproduktion ein, die den Erwerb von Klimazertifikaten zur Kompensation des CO_2-Ausstoßes einschließt.
Weitere Informationen finden Sie unter www.klimaneutralerverlag.de

FSC www.fsc.org MIX Paper | Supporting responsible forestry FSC® C020353

Erschienen bei FISCHER Sauerländer

Titel der Orginalausgabe: Het grote waterboek. Van zwetende planten tot verwoestende tsunami's

Für die deutschsprachige Ausgabe:

Übersetzung aus dem Niederländischen: Verena Kiefer
Umschlaggestaltung: Dahlhaus & Blommel Media Design GmbH, Vreden unter Verwendung einer Illustration von Wendy Panders
Satz: Tanja Haaf

Printed in Slovakia
ISBN 978-3-7373-5966-5